T&P BOOKS

TAILANDÊS
VOCABULÁRIO

PALAVRAS MAIS ÚTEIS

PORTUGUÊS
TAILANDÊS

Para alargar o seu léxico e apurar
as suas competências linguísticas

3000 palavras

Vocabulário Português-Tailandês - 3000 palavras
Por Andrey Taranov

Os vocabulários da T&P Books destinam-se a ajudar a aprender, a memorizar, e a rever palavras estrangeiras. O dicionário é dividido em temas, cobrindo todas as principais esferas de atividades quotidianas, negócios, ciência, cultura, etc.

O processo de aprendizagem, utilizando os dicionários baseados em temáticas da T&P Books dá-lhe as seguintes vantagens:

• Informação de origem corretamente agrupada predetermina o sucesso em fases subsequentes da memorização de palavras
• Disponibilização de palavras derivadas da mesma raiz, o que permite a memorização de unidades de texto (em vez de palavras separadas)
• Pequenas unidades de palavras facilitam o processo de estabelecimento de vínculos associativos necessários para a consolidação do vocabulário
• O nível de conhecimento da língua pode ser estimado pelo número de palavras aprendidas

T&P Books Publishing
www.tpbooks.com

ISBN: 978-1-78767-255-0

Este livro também está disponível em formato E-book.
Por favor visite www.tpbooks.com ou as principais livrarias on-line.

VOCABULÁRIO TAILANDÊS
palavras mais úteis

Os vocabulários da T&P Books destinam-se a ajudar a aprender, a memorizar, e a rever palavras estrangeiras. O vocabulário contém mais de 3000 palavras de uso comum organizadas tematicamente.

O vocabulário contém as palavras mais comummente usadas
Recomendado como adicional para qualquer curso de línguas
Satisfaz as necessidades dos iniciados e dos alunos avançados de línguas estrangeiras
Conveniente para o uso diário, sessões de revisão e atividades de auto-teste
Permite avaliar o seu vocabulário

Características especias do vocabulário

- As palavras estão organizadas de acordo com o seu significado, e não por ordem alfabética
- As palavras são apresentadas em três colunas para facilitar os processos de revisão e auto-teste
- As palavras compostas são divididas em pequenos blocos para facilitar o processo de aprendizagem
- O vocabulário oferece uma transcrição simples e adequada de cada palavra estrangeira

O vocabulário contém 101 tópicos incluindo:

Conceitos básicos, Números, Cores, Meses, Estações do ano, Unidades de medida, Roupas & Acessórios, Alimentos & Nutrição, Restaurante, Membros da Família, Parentes, Caráter, Sentimentos, Emoções, Doenças, Cidade, Passeios, Compras, Dinheiro, Casa, Lar, Escritório, Trabalho no Escritório, Importação & Exportação, Marketing, Pesquisa de Emprego, Desportos, Educação, Computador, Internet, Ferramentas, Natureza, Países, Nacionalidades e muito mais ...

TABELA DE CONTEÚDOS

Guia de pronunciação   8
Abreviaturas   10

CONCEITOS BÁSICOS   11

1. Pronomes   11
2. Cumprimentos. Saudações   11
3. Questões   12
4. Preposições   12
5. Palavras funcionais. Advérbios. Parte 1   13
6. Palavras funcionais. Advérbios. Parte 2   15

NÚMEROS. DIVERSOS   16

7. Números cardinais. Parte 1   16
8. Números cardinais. Parte 2   17
9. Números ordinais   17

CORES. UNIDADES DE MEDIDA   18

10. Cores   18
11. Unidades de medida   18
12. Recipientes   19

VERBOS PRINCIPAIS   21

13. Os verbos mais importantes. Parte 1   21
14. Os verbos mais importantes. Parte 2   22
15. Os verbos mais importantes. Parte 3   23
16. Os verbos mais importantes. Parte 4   23

TEMPO. CALENDÁRIO   25

17. Dias da semana   25
18. Horas. Dia e noite   25
19. Meses. Estações   26

VIAGENS. HOTEL		29
20.	Viagens	29
21.	Hotel	29
22.	Turismo	30
TRANSPORTES		32
23.	Aeroporto	32
24.	Avião	33
25.	Comboio	34
26.	Barco	35
CIDADE		37
27.	Transportes urbanos	37
28.	Cidade. Vida na cidade	38
29.	Instituições urbanas	39
30.	Sinais	40
31.	Compras	41
VESTUÁRIO & ACESSÓRIOS		43
32.	Roupa exterior. Casacos	43
33.	Vestuário de homem & mulher	43
34.	Vestuário. Roupa interior	44
35.	Adereços de cabeça	44
36.	Calçado	44
37.	Acessórios pessoais	45
38.	Vestuário. Diversos	45
39.	Cuidados pessoais. Cosméticos	46
40.	Relógios de pulso. Relógios	47
EXPERIÊNCIA DO QUOTIDIANO		48
41.	Dinheiro	48
42.	Correios. Serviço postal	49
43.	Banca	50
44.	Telefone. Conversação telefónica	50
45.	Telefone móvel	51
46.	Estacionário	51
47.	Línguas estrangeiras	52
REFEIÇÕES. RESTAURANTE		54
48.	Por a mesa	54
49.	Restaurante	54
50.	Refeições	54
51.	Pratos cozinhados	55
52.	Comida	56

53. Bebidas 58
54. Vegetais 59
55. Frutos. Nozes 60
56. Pão. Bolaria 60
57. Especiarias 61

INFORMAÇÃO PESSOAL. FAMÍLIA 62

58. Informação pessoal. Formulários 62
59. Membros da família. Parentes 62
60. Amigos. Colegas de trabalho 63

CORPO HUMANO. MEDICINA 65

61. Cabeça 65
62. Corpo humano 66
63. Doenças 66
64. Simtomas. Tratamentos. Parte 1 68
65. Simtomas. Tratamentos. Parte 2 69
66. Simtomas. Tratamentos. Parte 3 70
67. Medicina. Drogas. Acessórios 71

APARTAMENTO 72

68. Apartamento 72
69. Mobiliário. Interior 72
70. Quarto de dormir 73
71. Cozinha 73
72. Casa de banho 74
73. Eletrodomésticos 75

A TERRA. TEMPO 76

74. Espaço sideral 76
75. A Terra 77
76. Pontos cardeais 78
77. Mar. Oceano 78
78. Nomes de Mares e Oceanos 79
79. Montanhas 80
80. Nomes de montanhas 81
81. Rios 81
82. Nomes de rios 82
83. Floresta 82
84. Recursos naturais 83
85. Tempo 84
86. Tempo extremo. Catástrofes naturais 85

FAUNA 87

87. Mamíferos. Predadores 87
88. Animais selvagens 87

89. Animais domésticos   88
90. Pássaros   89
91. Peixes. Animais marinhos   91
92. Amfíbios. Répteis   91
93. Insetos   92

FLORA   93

94. Árvores   93
95. Arbustos   94
96. Frutos. Bagas   94
97. Flores. Plantas   95
98. Cereais, grãos   96

PAÍSES DO MUNDO   97

99. Países. Parte 1   97
100. Países. Parte 2   98
101. Países. Parte 3   99

GUIA DE PRONUNCIAÇÃO

Alfabeto fonético T&P	Exemplo tailandês	Exemplo Português

Vogais

[a]	ห้า [hâ:] – hâa	chamar
[e]	เป็นลม [pen lom] – bpen lom	metal
[i]	วินัย [wiʔ naj] – wí–nai	sinónimo
[o]	โกน [ko:n] – gohn	lobo
[u]	ขุ่นเคือง [kʰùn kʰɯ:aŋ] – khùn kheuang	bonita
[aa]	ราคา [ra: kʰa:] – raa–khaa	rapaz
[oo]	ภูมิใจ [pʰu:m tɕaj] – phoom jai	blusa
[ee]	บัญชี [ban tɕʰi:] – ban–chee	cair
[eu]	เดือน [dɯ:an] – deuan	Um [u] sem arredondar os lábios
[er]	เงิน [ŋɤn] – ngern	O [u] Inglês, só que com os lábios arredondados.
[ae]	แปล [plɛ:] – bplae	plateia
[ay]	เลข [lê:k] – lâyk	plateia
[ai]	ไปป์ [paj] – bpai	baixar
[oi]	โพย [pʰo:j] – phoi	moita
[ya]	สัญญา [sǎn ja:] – sǎn–yaa	Himalaias
[oie]	อบเชย [ʔòp tɕʰɤ:j] – òp–choie	Combinação [ə:i]
[ieo]	หน้าเซียว [nâ: si:aw] – nâa sieow	Kia Motors

Consoantes iniciais

[b]	บาง [ba:ŋ] – baang	barril
[d]	สีแดง [sǐ: dɛ:ŋ] – sěe daeng	dentista
[f]	มันฝรั่ง [man fà ràŋ] – man fà–ràng	safári
[h]	เฮลซิงกิ [he:n siŋ kìʔ] – hayn–sing–gi	[h] aspirada
[y]	ยี่สิบ [jî: sìp] – yêe sip	géiser
[g]	กรง [kroŋ] – grorng	gosto
[kh]	เลขา [le: kʰǎ:] – lay–khǎa	[k] aspirada
[l]	เล็ก [lék] – lék	libra
[m]	เมลอน [me: lɔ:n] – may–lorn	magnólia
[n]	หนัง [nǎŋ] – nǎng	natureza
[ng]	เงือก [ŋɯ:ak] – ngêuak	alcançar
[bp]	เป็น [pen] – bpen	presente
[ph]	เผ่า [pʰàw] – phào	[p] aspirada
[r]	เบอรรี่ [bɤ: rî:] – ber–rêe	riscar
[s]	ซ่อน [sôn] – sôrn	sanita
[dt]	ดนตรี [don tri:] – don–dtree	tulipa
[j]	ปั้นจั่น [pân tɕàn] – bpân jàn	tchetcheno

Alfabeto fonético T&P	Exemplo tailandês	Exemplo Português

[ch]   วิชา [wíʔaː] – wí–chaa   [tsch] aspirado
[th]   แถว [tʰɛːw] – thăe   [t] aspirada
[w]   เคียว [kʰiːaw] – khieow   página web

Consoantes finais

[k]   แม่เหล็ก [mɛː lèk] – mâe lèk   kiwi
[m]   เพิ่ม [pʰɤːm] – phêrm   magnólia
[n]   เนียน [niːan] – nian   natureza
[ng]   เป็นห่วง [pen hùːaŋ] – bpen hùang alcançar
[p]   ไม่ขยับ [mâj kʰà ja p] – mâi khà–yàp presente
[t]   ลูกเป็ด [lûːk pèt] – lôok bpèt   tulipa

Comentários

Tom médio - [ā] การดูล [gaan khon]
Tom baixo - [à] แจกจ่าย [jàek jàai]
Tom descendente - [â] แต่ม [dtâem]
Tom alto - [á] แช็กโซโฟน [sáek-soh-fohn]
Tom ascendente - [ǎ] เนินเขา [nern khǎo]

ABREVIATURAS
usadas no vocabulário

Abreviaturas do Português

adj	-	adjetivo
adv	-	advérbio
anim.	-	animado
conj.	-	conjunção
desp.	-	desporto
etc.	-	etecetra
ex.	-	por exemplo
f	-	nome feminino
f pl	-	feminino plural
fem.	-	feminino
inanim.	-	inanimado
m	-	nome masculino
m pl	-	masculino plural
m, f		masculino, feminino
masc.	-	masculino
mat.	-	matemática
mil.	-	militar
pl	-	plural
prep.	-	preposição
pron.	-	pronome
sb.	-	sobre
sing.	-	singular
v aux	-	verbo auxiliar
vi	-	verbo intransitivo
vi, vt	-	verbo intransitivo, transitivo
vr	-	verbo reflexivo
vt	-	verbo transitivo

CONCEITOS BÁSICOS

1. Pronomes

tu	คุณ	khun
ele	เขา	khǎo
ela	เธอ	ther
ele, ela (neutro)	มัน	man

nós	เรา	rao
vocês	คุณทั้งหลาย	khun tháng lǎai
você (sing.)	คุณ	khun
você (pl)	คุณทั้งหลาย	khun tháng lǎai

| eles | เขา | khǎo |
| elas | เธอ | ther |

2. Cumprimentos. Saudações

Olá!	สวัสดี!	sà-wàt-dee
Bom dia! (formal)	สวัสดี ครับ/ค่ะ!	sà-wàt-dee khráp/khâ
Bom dia! (de manhã)	อรุณสวัสดี!	a-run sà-wàt
Boa tarde!	สวัสดีตอนบ่าย	sà-wàt-dee dtorn-bàai
Boa noite!	สวัสดีตอนค่ำ	sà-wàt-dee dtorn-khâm

cumprimentar (vt)	ทักทาย	thák thaai
Olá!	สวัสดี!	sà-wàt-dee
saudação (f)	คำทักทาย	kham thák thaai
saudar (vt)	ทักทาย	thák thaai
Como vai?	คุณสบายดีไหม?	khun sà-baai dee mǎi
Como vais?	สบายดีไหม?	sà-baai dee mǎi
O que há de novo?	มีอะไรใหม่?	mee à-rai mài

Adeus! (formal)	ลาก่อน!	laa gòrn
Até à vista! (informal)	บาย!	baai
Até breve!	พบกันใหม่	phóp gan mài
Adeus! (sing.)	ลาก่อน!	laa gòrn
Adeus! (pl)	สวัสดี!	sà-wàt-dee
despedir-se (vr)	บอกลา	bòrk laa
Até logo!	ลาก่อน!	laa gòrn

Obrigado! -a!	ขอบคุณ!	khòrp khun
Muito obrigado! -a!	ขอบคุณมาก!	khòrp khun mâak
De nada	ยินดีช่วย	yin dee chûay
Não tem de quê	ไม่เป็นไร	mâi bpen rai
De nada	ไม่เป็นไร	mâi bpen rai
Desculpa!	ขอโทษที!	khŏr thôht thee
Desculpe!	ขอโทษ ครับ/ค่ะ!	khŏr thôht khráp / khâ

desculpar (vt)	ให้อภัย	hâi a-phai
desculpar-se (vr)	ขอโทษ	khŏr thôht
As minhas desculpas	ขอโทษ	khŏr thôht
Desculpe!	ขอโทษ!	khŏr thôht
perdoar (vt)	อภัย	a-phai
Não faz mal	ไม่เป็นไร!	mâi bpen rai
por favor	โปรด	bpròht

Não se esqueça!	อย่าลืม!	yàa leum
Certamente! Claro!	แน่นอน!	nâe norn
Claro que não!	ไม่ใช่แน่!	mâi châi nâe
Está bem! De acordo!	โอเค!	oh-khay
Basta!	พอแล้ว	phor láew

3. Questões

Quem?	ใคร?	khrai
Que?	อะไร?	a-rai
Onde?	ที่ไหน?	thêe năi
Para onde?	ที่ไหน?	thêe năi
De onde?	จากที่ไหน?	jàak thêe năi
Quando?	เมื่อไหร่?	mêua rài
Para quê?	ทำไม?	tham-mai
Porquê?	ทำไม?	tham-mai

Para quê?	เพื่ออะไร?	phêua a-rai
Como?	อย่างไร?	yàang rai
Qual?	อะไร?	a-rai
Qual? (entre dois ou mais)	ไหน?	năi

A quem?	สำหรับใคร?	săm-ràp khrai
Sobre quem?	เกี่ยวกับใคร?	gìeow gàp khrai
Do quê?	เกี่ยวกับอะไร?	gìeow gàp a-rai
Com quem?	กับใคร?	gàp khrai

Quantos? -as?	กี่...?	gèe...?
Quanto?	เท่าไหร่?	thâo rài
De quem? (masc.)	ของใคร?	khŏrng khrai

4. Preposições

com (prep.)	กับ	gàp
sem (prep.)	ปราศจาก	bpràat-sà-jàak
a, para (exprime lugar)	ไปที่	bpai thêe
sobre (ex. falar ~)	เกี่ยวกับ	gìeow gàp
antes de ...	ก่อน	gòrn
diante de ...	หน้า	nâa

sob (debaixo de)	ใต้	dtâi
sobre (em cima de)	เหนือ	nĕua
sobre (~ a mesa)	บน	bon
de (vir ~ Lisboa)	จาก	jàak

de (feito ~ pedra)	ทำใช้	tham chái
dentro de (~ dez minutos)	ใน	nai
por cima de ...	ข้าม	khâam

5. Palavras funcionais. Advérbios. Parte 1

Onde?	ที่ไหน?	thêe nǎi
aqui	ที่นี่	thêe nêe
lá, ali	ที่นั่น	thêe nân

| em algum lugar | ที่ใดที่หนึ่ง | thêe dai thêe nèung |
| em lugar nenhum | ไม่มีที่ไหน | mâi mee thêe nǎi |

| ao pé de ... | ข้าง | khâang |
| ao pé da janela | ข้างหน้าต่าง | khâang nâa dtàang |

Para onde?	ที่ไหน?	thêe nǎi
para cá	ที่นี่	thêe nêe
para lá	ที่นั่น	thêe nân
daqui	จากที่นี่	jàak thêe nêe
de lá, dali	จากที่นั่น	jàak thêe nân

| perto | ใกล้ | glâi |
| longe | ไกล | glai |

perto de ...	ใกล้	glâi
ao lado de	ใกล้ๆ	glâi glâi
perto, não fica longe	ไม่ไกล	mâi glai

esquerdo	ซ้าย	sáai
à esquerda	ข้างซ้าย	khâang sáai
para esquerda	ซ้าย	sáai

direito	ขวา	khwǎa
à direita	ข้างขวา	khâang kwǎa
para direita	ขวา	khwǎa

à frente	ข้างหน้า	khâang nâa
da frente	หน้า	nâa
em frente (para a frente)	หน้า	nâa

atrás de ...	ข้างหลัง	khâang lǎng
por detrás (vir ~)	จากข้างหลัง	jàak khâang lǎng
para trás	หลัง	lǎng

| meio (m), metade (f) | กลาง | glaang |
| no meio | ตรงกลาง | dtrorng glaang |

de lado	ข้าง	khâang
em todo lugar	ทุกที่	thúk thêe
ao redor (olhar ~)	รอบ	rôrp

| de dentro | จากข้างใน | jàak khâang nai |
| para algum lugar | ที่ไหน | thêe nǎi |

| diretamente | ตรงไป | dtrorng bpai |
| de volta | กลับ | glàp |

| de algum lugar | จากที่ใด | jàak thêe dai |
| de um lugar | จากที่ใด | jàak thêe dai |

em primeiro lugar	ข้อที่หนึ่ง	khôr thêe nèung
em segundo lugar	ข้อที่สอง	khôr thêe sŏrng
em terceiro lugar	ขอที่สาม	khôr thêe săam

de repente	ในทันที	nai than thee
no início	ตอนแรก	dtorn-râek
pela primeira vez	เป็นครั้งแรก	bpen khráng râek
muito antes de ...	นานกอน	naan gòrn
de novo, novamente	ใหม่	mài
para sempre	ใหจบสิ้น	hâi jòp sîn

nunca	ไม่เคย	mâi khoie
de novo	อีกครั้งหนึ่ง	èek khráng nèung
agora	ตอนนี้	dtorn-née
frequentemente	บอย	bòi
então	เวลานั้น	way-laa nán
urgentemente	อย่างเรงดวน	yàang râyng dùan
usualmente	มักจะ	mák jà

a propósito, ...	อนึ่ง	à-nèung
ó possível	เป็นไปได้	bpen bpai dâai
provavelmente	อาจจะ	àat jà
talvez	อาจจะ	àat jà
além disso, ...	นอกจากนั้น...	nôrk jàak nán...
por isso ...	นั้นเป็นเหตุผลที่...	nân bpen hàyt phŏn thêe...

| apesar de ... | แม้ว่า... | máe wâa... |
| graças a ... | เนื่องจาก... | nêuang jàak... |

que (pron.)	อะไร	a-rai
que (conj.)	ที่	thêe
algo	อะไร	a-rai

| alguma coisa | อะไรก็ตาม | a-rai gôr dtaam |
| nada | ไม่มีอะไร | mâi mee a-rai |

quem	ใคร	khrai
alguém (~ teve uma ideia ...)	บางคน	baang khon
alguém	บางคน	baang khon

| ninguém | ไม่มีใคร | mâi mee khrai |
| para lugar nenhum | ไมไปไหน | mâi bpai năi |

| de ninguém | ไม่เป็นของ ของใคร | mâi bpen khŏrng khŏrng khrai |
| de alguém | ของคนหนึ่ง | khŏrng khon nèung |

tão	มาก	mâak
também (gostaria ~ de ...)	ด้วย	dûay
também (~ eu)	ดวย	dûay

6. Palavras funcionais. Advérbios. Parte 2

Porquê?	ทำไม?	tham-mai
por alguma razão	เพราะเหตุผลอะไร	phrór hàyt phŏn à-rai
porque ...	เพราะว่า	phrór wâa
por qualquer razão	ด้วยจุดประสงค์อะไร	dûay jùt bprà-sŏng a-rai

e (tu ~ eu)	และ	láe
ou (ser ~ não ser)	หรือ	rĕu
mas (porém)	แต่	dtàe
para (~ a minha mãe)	สำหรับ	sǎm-ràp

demasiado, muito	เกินไป	gern bpai
só, somente	เท่านั้น	thâo nán
exatamente	ตรง	dtrorng
cerca de (~ 10 kg)	ประมาณ	bprà-maan

aproximadamente	ประมาณ	bprà-maan
aproximado	ประมาณ	bprà-maan
quase	เกือบ	gèuap
resto (m)	ที่เหลือ	thêe lĕua

o outro (segundo)	อีก	èek
outro	อื่น	èun
cada	ทุก	thúk
qualquer	ใดๆ	dai dai
muitos, muitas	หลาย	lǎai
muito	มาก	mâak
muitas pessoas	หลายคน	lǎai khon
todos	ทุกๆ	thúk thúk

em troca de ...	ที่จะเปลี่ยนเป็น	thêe jà bplìan bpen
em troca	แทน	thaen
à mão	ใช้มือ	chái meu
pouco provável	แทบจะไม่	thâep jà mâi

provavelmente	อาจจะ	àat jà
de propósito	โดยเจตนา	doi jàyt-dtà-naa
por acidente	บังเอิญ	bang-ern

muito	มาก	mâak
por exemplo	ยกตัวอย่าง	yók dtua yàang
entre	ระหว่าง	rá-wàang
entre (no meio de)	ทามกลาง	tâam-glaang
tanto	มากมาย	mâak maai
especialmente	โดยเฉพาะ	doi chà-phór

NÚMEROS. DIVERSOS

7. Números cardinais. Parte 1

zero	ศูนย์	sŏon
um	หนึ่ง	nèung
dois	สอง	sŏrng
três	สาม	săam
quatro	สี่	sèe
cinco	ห้า	hâa
seis	หก	hòk
sete	เจ็ด	jèt
oito	แปด	bpàet
nove	เก้า	gâo
dez	สิบ	sìp
onze	สิบเอ็ด	sìp èt
doze	สิบสอง	sìp sŏrng
treze	สิบสาม	sìp săam
catorze	สิบสี่	sìp sèe
quinze	สิบห้า	sìp hâa
dezasseis	สิบหก	sìp hòk
dezassete	สิบเจ็ด	sìp jèt
dezoito	สิบแปด	sìp bpàet
dezanove	สิบเก้า	sìp gâo
vinte	ยี่สิบ	yêe sìp
vinte e um	ยี่สิบเอ็ด	yêe sìp èt
vinte e dois	ยี่สิบสอง	yêe sìp sŏrng
vinte e três	ยี่สิบสาม	yêe sìp săam
trinta	สามสิบ	săam sìp
trinta e um	สามสิบเอ็ด	săam-sìp-èt
trinta e dois	สามสิบสอง	săam-sìp-sŏrng
trinta e três	สามสิบสาม	săam-sìp-săam
quarenta	สี่สิบ	sèe sìp
quarenta e um	สี่สิบเอ็ด	sèe-sìp-èt
quarenta e dois	สี่สิบสอง	sèe-sìp-sŏrng
quarenta e três	สี่สิบสาม	sèe-sìp-săam
cinquenta	ห้าสิบ	hâa sìp
cinquenta e um	ห้าสิบเอ็ด	hâa-sìp-èt
cinquenta e dois	ห้าสิบสอง	hâa-sìp-sŏrng
cinquenta e três	หาสิบสาม	hâa-sìp-săam
sessenta	หกสิบ	hòk sìp
sessenta e um	หกสิบเอ็ด	hòk-sìp-èt

| sessenta e dois | หกสิบสอง | hòk-sìp-sŏrng |
| sessenta e três | หกสิบสาม | hòk-sìp-săam |

setenta	เจ็ดสิบ	jèt sìp
setenta e um	เจ็ดสิบเอ็ด	jèt-sìp-èt
setenta e dois	เจ็ดสิบสอง	jèt-sìp-sŏrng
setenta e três	เจ็ดสิบสาม	jèt-sìp-săam

oitenta	แปดสิบ	bpàet sìp
oitenta e um	แปดสิบเอ็ด	bpàet-sìp-èt
oitenta e dois	แปดสิบสอง	bpàet-sìp-sŏrng
oitenta e três	แปดสิบสาม	bpàet-sìp-săam

noventa	เก้าสิบ	gâo sìp
noventa e um	เก้าสิบเอ็ด	gâo-sìp-èt
noventa e dois	เก้าสิบสอง	gâo-sìp-sŏrng
noventa e três	เกาสิบสาม	gâo-sìp-săam

8. Números cardinais. Parte 2

cem	หนึ่งร้อย	nèung rói
duzentos	สองร้อย	sŏrng rói
trezentos	สามร้อย	săam rói
quatrocentos	สี่ร้อย	sèe rói
quinhentos	ห้าร้อย	hâa rói

seiscentos	หกร้อย	hòk rói
setecentos	เจ็ดร้อย	jèt rói
oitocentos	แปดร้อย	bpàet rói
novecentos	เก้าร้อย	gâo rói

mil	หนึ่งพัน	nèung phan
dois mil	สองพัน	sŏrng phan
três mil	สามพัน	săam phan
dez mil	หนึ่งหมื่น	nèung mèun
cem mil	หนึ่งแสน	nèung săen
um milhão	ล้าน	láan
mil milhões	พันล้าน	phan láan

9. Números ordinais

primeiro	แรก	râek
segundo	ที่สอง	thêe sŏrng
terceiro	ที่สาม	thêe săam
quarto	ที่สี่	thêe sèe
quinto	ที่ห้า	thêe hâa

sexto	ที่หก	thêe hòk
sétimo	ที่เจ็ด	thêe jèt
oitavo	ที่แปด	thêe bpàet
nono	ที่เก้า	thêe gâo
décimo	ที่สิบ	thêe sìp

CORES. UNIDADES DE MEDIDA

10. Cores

cor (f)	สี	sĕe
matiz (m)	สีออน	sĕe òrn
tom (m)	สีสัน	sĕe săn
arco-íris (m)	สายรุ้ง	săai rúng
branco	สีขาว	sĕe khăao
preto	สีดำ	sĕe dam
cinzento	สีเทา	sĕe thao
verde	สีเขียว	sĕe khĭeow
amarelo	สีเหลือง	sĕe lĕuang
vermelho	สีแดง	sĕe daeng
azul	สีน้ำเงิน	sĕe nám ngern
azul claro	สีฟ้า	sĕe fáa
rosa	สีชมพู	sĕe chom-poo
laranja	สีสม	sĕe sôm
violeta	สีม่วง	sĕe mûang
castanho	สีน้ำตาล	sĕe nám dtaan
dourado	สีทอง	sĕe thorng
prateado	สีเงิน	sĕe ngern
bege	สีน้ำตาลออน	sĕe nám dtaan òrn
creme	สีครีม	sĕe khreem
turquesa	สีเขียวแกม	sĕe khĭeow gaem
	น้ำเงิน	náam ngern
vermelho cereja	สีแดงเชอร์รี่	sĕe daeng cher-rêe
lilás	สีม่วงออน	sĕe mûang-òrn
carmesim	สีแดงเขม	sĕe daeng khâym
claro	ออน	òrn
escuro	แก	gàe
vivo	สด	sòt
de cor	สี	sĕe
a cores	สี	sĕe
preto e branco	ขาวดำ	khăao-dam
unicolor	สีเดียว	sĕe dieow
multicor	หลากสี	làak sĕe

11. Unidades de medida

peso (m)	น้ำหนัก	nám nàk
comprimento (m)	ความยาว	khwaam yaao

largura (f)	ความกว้าง	khwaam gwâang
altura (f)	ความสูง	khwaam sŏong
profundidade (f)	ความลึก	khwaam léuk
volume (m)	ปริมาณ	bpà-rí-maan
área (f)	บริเวณ	bor-rí-wayn

grama (m)	กรัม	gram
miligrama (m)	มิลลิกรัม	min-lí gram
quilograma (m)	กิโลกรัม	gì-loh gram
tonelada (f)	ตัน	dtan
libra (453,6 gramas)	ปอนด์	bporn
onça (f)	ออนซ์	orn

metro (m)	เมตร	máyt
milímetro (m)	มิลลิเมตร	min-lí mâyt
centímetro (m)	เซ็นติเมตร	sen dtì mâyt
quilómetro (m)	กิโลเมตร	gì-loh máyt
milha (f)	ไมล์	mai

polegada (f)	นิ้ว	níw
pé (304,74 mm)	ฟุต	fút
jarda (914,383 mm)	หลา	lăa

| metro (m) quadrado | ตารางเมตร | dtaa-raang máyt |
| hectare (m) | เฮกตาร์ | hêek dtaa |

litro (m)	ลิตร	lít
grau (m)	องศา	ong-săa
volt (m)	โวลต์	wohn
ampere (m)	แอมแปร์	aem-bpae
cavalo-vapor (m)	แรงม้า	raeng máa

quantidade (f)	จำนวน	jam-nuan
um pouco de …	นิดหน่อย	nít nói
metade (f)	ครึ่ง	khrêung
dúzia (f)	โหล	lŏh
peça (f)	สวน	sùan

| dimensão (f) | ขนาด | khà-nàat |
| escala (f) | มาตราสวน | mâat-dtraa sùan |

mínimo	น้อยที่สุด	nói thêe sùt
menor, mais pequeno	เล็กที่สุด	lék thêe sùt
médio	กลาง	glaang
máximo	สูงสุด	sŏong sùt
maior, mais grande	ใหญ่ที่สุด	yài têe sùt

12. Recipientes

boião (m) de vidro	ขวดโหล	khùat lŏh
lata (~ de cerveja)	กระป๋อง	grà-bpŏrng
balde (m)	ถัง	thăng
barril (m)	ถัง	thăng
bacia (~ de plástico)	กะทะ	gà-thá

19

tanque (m)	ถังเก็บน้ำ	thăng gèp nám
cantil (m) de bolso	กระติกน้ำ	grà-dtìk nám
bidão (m) de gasolina	ภาชนะ	phaa-chá-ná
cisterna (f)	ถังบรรจุ	thăng ban-jù
caneca (f)	แก้ว	gâew
chávena (f)	ถ้วย	thûay
pires (m)	จานรอง	jaan rorng
copo (m)	แก้ว	gâew
taça (f) de vinho	แก้วไวน์	gâew wai
panela, caçarola (f)	หม้อ	môr
garrafa (f)	ขวด	khùat
gargalo (m)	ปาก	bpàak
jarro, garrafa (f)	คนโท	khon-thoh
jarro (m) de barro	เหยือก	yèuak
recipiente (m)	ภาชนะ	phaa-chá-ná
pote (m)	หม้อ	môr
vaso (m)	แจกัน	jae-gan
frasco (~ de perfume)	กระติก	grà-dtìk
frasquinho (ex. ~ de iodo)	ขวดเล็ก	khùat lék
tubo (~ de pasta dentífrica)	หลอด	lòrt
saca (ex. ~ de açúcar)	ถุง	thŭng
saco (~ de plástico)	ถุง	thŭng
maço (m)	ซอง	sorng
caixa (~ de sapatos, etc.)	กล่อง	glòrng
caixa (~ de madeira)	ลัง	lang
cesta (f)	ตะกร้า	dtà-grâa

VERBOS PRINCIPAIS

13. Os verbos mais importantes. Parte 1

abrir (vt)	เปิด	bpèrt
acabar, terminar (vt)	จบ	jòp
aconselhar (vt)	แนะนำ	náe nam
adivinhar (vt)	คาดเดา	khâat dao
advertir (vt)	เตือน	dteuan
ajudar (vt)	ช่วย	chûay
almoçar (vi)	ทานอาหารเที่ยง	thaan aa-hăan thîang
alugar (~ um apartamento)	เช่า	châo
amar (vt)	รัก	rák
ameaçar (vt)	ขู่	khòo
anotar (escrever)	จด	jòt
apanhar (vt)	จับ	jàp
apressar-se (vr)	รีบ	rêep
arrepender-se (vr)	เสียใจ	sĭa jai
assinar (vt)	ลงนาม	long naam
atirar, disparar (vi)	ยิง	ying
brincar (vi)	ลอเล่น	lór lên
brincar, jogar (crianças)	เล่น	lên
buscar (vt)	หา	hăa
caçar (vi)	ลา	lâa
cair (vi)	ตก	dtòk
cavar (vt)	ขุด	khùt
cessar (vt)	หยุด	yùt
chamar (~ por socorro)	เรียก	rîak
chegar (vi)	มา	maa
chorar (vi)	ร้องไห้	rórng hâi
começar (vt)	เริ่ม	rêrm
comparar (vt)	เปรียบเทียบ	bprìap thîap
compreender (vt)	เข้าใจ	khâo jai
concordar (vi)	เห็นด้วย	hĕn dûay
confiar (vt)	เชื่อ	chêua
confundir (equivocar-se)	สับสน	sàp sŏn
conhecer (vt)	รู้จัก	róo jàk
contar (fazer contas)	นับ	náp
contar com (esperar)	พึ่งพา	phêung phaa
continuar (vt)	ทำต่อไป	tham dtòr bpai
controlar (vt)	ควบคุม	khûap khum
convidar (vt)	เชิญ	chern
correr (vi)	วิ่ง	wîng

| criar (vt) | สร้าง | sâang |
| custar (vt) | ราคา | raa-khaa |

14. Os verbos mais importantes. Parte 2

dar (vt)	ให้	hâi
dar uma dica	บอกใบ้	bòrk bâi
decorar (enfeitar)	ประดับ	bprà-dàp
defender (vt)	ปกป้อง	bpòk bpôrng
deixar cair (vt)	ทิ้งให้ตก	thíng hâi dtòk

descer (para baixo)	ลง	long
desculpar (vt)	ให้อภัย	hâi a-phai
desculpar-se (vr)	ขอโทษ	khŏr thôht
dirigir (~ uma empresa)	บริหาร	bor-rí-hăan
discutir (notícias, etc.)	หารือ	hăa-reu
dizer (vt)	บอก	bòrk

duvidar (vt)	สงสัย	sŏng-săi
encontrar (achar)	พบ	phóp
enganar (vt)	หลอก	lòrk
entrar (na sala, etc.)	เข้า	khâo
enviar (uma carta)	ส่ง	sòng

errar (equivocar-se)	ทำผิด	tham phìt
escolher (vt)	เลือก	lêuak
esconder (vt)	ซ่อน	sôrn
escrever (vt)	เขียน	khĭan
esperar (o autocarro, etc.)	รอ	ror

esperar (ter esperança)	หวัง	wăng
esquecer (vt)	ลืม	leum
estudar (vt)	เรียน	rian
exigir (vt)	เรียกร้อง	rîak rórng
existir (vi)	มีอยู่	mee yòo

explicar (vt)	อธิบาย	à-thí-baai
falar (vi)	พูด	phôot
faltar (clases, etc.)	พลาด	phlâat
fazer (vt)	ทำ	tham
ficar em silêncio	นิ่งเงียบ	nîng ngîap
gabar-se, jactar-se (vr)	โอ้อวด	ôh ùat

gostar (apreciar)	ชอบ	chôrp
gritar (vi)	ตะโกน	dtà-gohn
guardar (cartas, etc.)	รักษา	rák-săa
informar (vt)	แจง	jâeng
insistir (vi)	ยืนยัน	yeun yan

insultar (vt)	ดูถูก	doo thòok
interessar-se (vr)	สนใจใน	sŏn jai nai
ir (a pé)	ไป	bpai
ir nadar	ไปว่ายน้ำ	bpai wâai náam
jantar (vi)	ทานอาหารเย็น	thaan aa-hăan yen

15. Os verbos mais importantes. Parte 3

ler (vt)	อ่าน	àan
libertar (cidade, etc.)	ปลดปล่อย	bplòt bplòi
matar (vt)	ฆ่า	khâa
mencionar (vt)	กล่าวถึง	glàao thěung
mostrar (vt)	แสดง	sà-daeng
mudar (modificar)	เปลี่ยน	bplìan
nadar (vi)	ว่ายน้ำ	wâai náam
negar-se (vt)	ปฏิเสธ	bpà-dtì-sàyt
objetar (vt)	ค้าน	kháan
observar (vt)	สังเกตการณ์	sǎng-gàyt gaan
ordenar (mil.)	สั่งการ	sàng gaan
ouvir (vt)	ได้ยิน	dâai yin
pagar (vt)	จ่าย	jàai
parar (vi)	หยุด	yùt
participar (vi)	มีส่วนร่วม	mee sùan rûam
pedir (comida)	สั่ง	sàng
pedir (um favor, etc.)	ขอ	khǒr
pegar (tomar)	เอา	ao
pensar (vt)	คิด	khít
perceber (ver)	สังเกต	sǎng-gàyt
perdoar (vt)	ให้อภัย	hâi a-phai
perguntar (vt)	ถาม	thǎam
permitir (vt)	อนุญาต	a-nú-yâat
pertencer (vt)	เป็นของของ...	bpen khǒrng khǒrng...
planear (vt)	วางแผน	waang phǎen
poder (vi)	สามารถ	sǎa-mâat
possuir (vt)	เป็นเจ้าของ	bpen jâo khǒrng
preferir (vt)	ชอบ	chôrp
preparar (vt)	ทำอาหาร	tham aa-hǎan
prever (vt)	คาดหวัง	khâat wǎng
prometer (vt)	สัญญา	sǎn-yaa
pronunciar (vt)	ออกเสียง	òrk sǐang
propor (vt)	เสนอ	sà-něr
punir (castigar)	ลงโทษ	long thôht

16. Os verbos mais importantes. Parte 4

quebrar (vt)	แตก	dtàek
queixar-se (vr)	บ่น	bòn
querer (desejar)	ต้องการ	dtôrng gaan
recomendar (vt)	แนะนำ	náe nam
repetir (dizer outra vez)	ซ้ำ	sám
repreender (vt)	ดุด่า	dù dàa
reservar (~ um quarto)	จอง	jorng

responder (vt)	ตอบ	dtòrp
rezar, orar (vi)	ภาวนา	phaa-wá-naa
rir (vi)	หัวเราะ	hŭa rór

roubar (vt)	ขโมย	khà-moi
saber (vt)	รู้	róo
sair (~ de casa)	ออกไป	òrk bpai
salvar (vt)	กู้	gôo
seguir ...	ไปตาม...	bpai dtaam...

sentar-se (vr)	นั่ง	nâng
ser necessário	ต้องการ	dtôrng gaan
ser, estar	เป็น	bpen
significar (vt)	หมาย	măai

sorrir (vi)	ยิ้ม	yím
subestimar (vt)	ดูถูก	doo thòok
surpreender-se (vr)	ประหลาดใจ	bprà-làat jai
tentar (vt)	พยายาม	phá-yaa-yaam

ter (vt)	มี	mee
ter fome	หิว	hĭw
ter medo	กลัว	glua
ter sede	กระหายน้ำ	grà-hăai náam

tocar (com as mãos)	แตะต้อง	dtàe dtôrng
tomar o pequeno-almoço	ทานอาหารเช้า	thaan aa-hăan cháo
trabalhar (vi)	ทำงาน	tham ngaan
traduzir (vt)	แปล	bplae
unir (vt)	สมาน	sà-măan

vender (vt)	ขาย	khăai
ver (vt)	เห็น	hĕn
virar (ex. ~ à direita)	เลี้ยว	líeow
voar (vi)	บิน	bin

TEMPO. CALENDÁRIO

17. Dias da semana

segunda-feira (f)	วันจันทร์	wan jan
terça-feira (f)	วันอังคาร	wan ang-khaan
quarta-feira (f)	วันพุธ	wan phút
quinta-feira (f)	วันพฤหัสบดี	wan phá-réu-hàt-sà-bor-dee
sexta-feira (f)	วันศุกร์	wan sùk
sábado (m)	วันเสาร์	wan săo
domingo (m)	วันอาทิตย์	wan aa-thít
hoje	วันนี้	wan née
amanhã	พรุ่งนี้	phrûng-née
depois de amanhã	วันมะรืนนี้	wan má-reun née
ontem	เมื่อวานนี้	mêua waan née
anteontem	เมื่อวานซืนนี้	mêua waan-seun née
dia (m)	วัน	wan
dia (m) de trabalho	วันทำงาน	wan tham ngaan
feriado (m)	วันนักขัตฤกษ์	wan nák-khàt-rêrk
dia (m) de folga	วันหยุด	wan yùt
fim (m) de semana	วันสุดสัปดาห์	wan sùt sàp-daa
o dia todo	ทั้งวัน	tháng wan
no dia seguinte	วันรุ่งขึ้น	wan rûng khêun
há dois dias	สองวันก่อน	sŏrng wan gòrn
na véspera	วันก่อนหน้านี้	wan gòrn nâa née
diário	รายวัน	raai wan
todos os dias	ทุกวัน	thúk wan
semana (f)	สัปดาห์	sàp-daa
na semana passada	สัปดาห์ก่อน	sàp-daa gòrn
na próxima semana	สัปดาห์หน้า	sàp-daa nâa
semanal	รายสัปดาห์	raai sàp-daa
cada semana	ทุกสัปดาห์	thúk sàp-daa
duas vezes por semana	สัปดาห์ละสองครั้ง	sàp-daa lá sŏrng khráng
cada terça-feira	ทุกวันอังคาร	túk wan ang-khaan

18. Horas. Dia e noite

manhã (f)	เช้า	cháo
de manhã	ตอนเช้า	dtorn cháo
meio-dia (m)	เที่ยงวัน	thîang wan
à tarde	ตอนบาย	dtorn bàai
noite (f)	เย็น	yen
à noite (noitinha)	ตอนเย็น	dtorn yen

noite (f)	คืน	kheun
à noite	กลางคืน	glaang kheun
meia-noite (f)	เที่ยงคืน	thîang kheun

segundo (m)	วินาที	wí-naa-thee
minuto (m)	นาที	naa-thee
hora (f)	ชั่วโมง	chûa mohng
meia hora (f)	ครึ่งชั่วโมง	khrêung chûa mohng
quarto (m) de hora	สิบห้านาที	sìp hâa naa-thee
quinze minutos	สิบห้านาที	sìp hâa naa-thee
vinte e quatro horas	24 ชั่วโมง	yêe sìp sèe · chûa mohng

nascer (m) do sol	พระอาทิตย์ขึ้น	phrá aa-thít khêun
amanhecer (m)	ใกล้รุ่ง	glâi rûng
madrugada (f)	เช้า	cháo
pôr do sol (m)	พระอาทิตย์ตก	phrá aa-thít dtòk

de madrugada	ตอนเช้า	dtorn cháo
hoje de manhã	เช้านี้	cháo née
amanhã de manhã	พรุ่งนี้เช้า	phrûng-née cháo

hoje à tarde	บ่ายนี้	bàai née
à tarde	ตอนบ่าย	dtorn bàai
amanhã à tarde	พรุ่งนี้บาย	phrûng-née bàai

| hoje à noite | คืนนี้ | kheun née |
| amanhã à noite | คืนพรุ่งนี้ | kheun phrûng-née |

às três horas em ponto	3 โมงตรง	sǎam mohng dtrorng
por volta das quatro	ประมาณ 4 โมง	bprà-maan sèe mohng
às doze	ภายใน 12 โมง	phaai nai sìp sǒng mohng

dentro de vinte minutos	อีก 20 นาที	èek yêe sìp naa-thee
dentro duma hora	อีกหนึ่งชั่วโมง	èek nèung chûa mohng
a tempo	ทันเวลา	than way-laa

menos um quarto	อีกสิบห้านาที	èek sìp hâa naa-thee
durante uma hora	ภายในหนึ่งชั่วโมง	phaai nai nèung chûa mohng
a cada quinze minutos	ทุก 15 นาที	thúk sìp hâa naa-thee
as vinte e quatro horas	ทั้งวัน	tháng wan

19. Meses. Estações

janeiro (m)	มกราคม	mók-gà-raa khom
fevereiro (m)	กุมภาพันธ์	gum-phaa phan
março (m)	มีนาคม	mee-naa khom
abril (m)	เมษายน	may-sǎa-yon
maio (m)	พฤษภาคม	phréut-sà-phaa khom
junho (m)	มิถุนายน	mí-thù-naa-yon

julho (m)	กรกฎาคม	gà-rá-gà-daa-khom
agosto (m)	สิงหาคม	sǐng hǎa khom
setembro (m)	กันยายน	gan-yaa-yon
outubro (m)	ตุลาคม	dtù-laa khom

novembro (m)	พฤศจิกายน	phréut-sà-jì-gaa-yon
dezembro (m)	ธันวาคม	than-waa khom
primavera (f)	ฤดูใบไม้ผลิ	réu-doo bai máai phlì
na primavera	ฤดูใบไม้ผลิ	réu-doo bai máai phlì
primaveril	ฤดูใบไม้ผลิ	réu-doo bai máai phlì
verão (m)	ฤดูร้อน	réu-doo rórn
no verão	ฤดูร้อน	réu-doo rórn
de verão	ฤดูร้อน	réu-doo rórn
outono (m)	ฤดูใบไม้ร่วง	réu-doo bai máai rûang
no outono	ฤดูใบไม้ร่วง	réu-doo bai máai rûang
outonal	ฤดูใบไม้ร่วง	réu-doo bai máai rûang
inverno (m)	ฤดูหนาว	réu-doo năao
no inverno	ฤดูหนาว	réu-doo năao
de inverno	ฤดูหนาว	réu-doo năao
mês (m)	เดือน	deuan
este mês	เดือนนี้	deuan née
no próximo mês	เดือนหน้า	deuan nâa
no mês passado	เดือนที่แลว	deuan thêe láew
há um mês	หนึ่งเดือนก่อนหน้านี้	nèung deuan gòrn nâa née
dentro de um mês	อีกหนึ่งเดือน	èek nèung deuan
dentro de dois meses	อีกสองเดือน	èek sŏrng deuan
todo o mês	ทั้งเดือน	tháng deuan
um mês inteiro	ตลอดทั้งเดือน	dtà-lòrt tháng deuan
mensal	รายเดือน	raai deuan
mensalmente	ทุกเดือน	thúk deuan
cada mês	ทุกเดือน	thúk deuan
duas vezes por mês	เดือนละสองครั้ง	deuan lá sŏrng kráng
ano (m)	ปี	bpee
este ano	ปีนี้	bpee née
no próximo ano	ปีหน้า	bpee nâa
no ano passado	ปีที่แลว	bpee thêe láew
há um ano	หนึ่งปีก่อน	nèung bpee gòrn
dentro dum ano	อีกหนึ่งปี	èek nèung bpee
dentro de 2 anos	อีกสองปี	èek sŏng bpee
todo o ano	ทั้งปี	tháng bpee
um ano inteiro	ตลอดทั้งปี	dtà-lòrt tháng bpee
cada ano	ทุกปี	thúk bpee
anual	รายปี	raai bpee
anualmente	ทุกปี	thúk bpee
quatro vezes por ano	ปีละสี่ครั้ง	bpee lá sèe khráng
data (~ de hoje)	วันที่	wan thêe
data (ex. ~ de nascimento)	วันเดือนปี	wan deuan bpee
calendário (m)	ปฏิทิน	bpà-dtì-thin
meio ano	ครึ่งปี	khrêung bpee
seis meses	หกเดือน	hòk deuan

| estação (f) | ฤดูกาล | réu-doo gaan |
| século (m) | ศตวรรษ | sà-dtà-wát |

VIAGENS. HOTEL

20. Viagens

turismo (m)	การท่องเที่ยว	gaan thôrng thîeow
turista (m)	นักท่องเที่ยว	nák thôrng thîeow
viagem (f)	การเดินทาง	gaan dern thaang
aventura (f)	การผจญภัย	gaan phà-jon phai
viagem (f)	การเดินทาง	gaan dern thaang
férias (f pl)	วันหยุดพักผ่อน	wan yùt phák phòrn
estar de férias	หยุดพักผอน	yùt phák phòrn
descanso (m)	การพัก	gaan phák
comboio (m)	รถไฟ	rót fai
de comboio (chegar ~)	โดยรถไฟ	doi rót fai
avião (m)	เครื่องบิน	khrêuang bin
de avião	โดยเครื่องบิน	doi khrêuang bin
de carro	โดยรถยนต์	doi rót-yon
de navio	โดยเรือ	doi reua
bagagem (f)	สัมภาระ	săm-phaa-rá
mala (f)	กระเป๋าเดินทาง	grà-bpăo dern-thaang
carrinho (m)	รถขนสัมภาระ	rót khŏn săm-phaa-rá
passaporte (m)	หนังสือเดินทาง	năng-sěu dern-thaang
visto (m)	วีซา	wee-sâa
bilhete (m)	ตั๋ว	dtŭa
bilhete (m) de avião	ตั๋วเครื่องบิน	dtŭa khrêuang bin
guia (m) de viagem	หนังสือแนะนำ	năng-sěu náe nam
mapa (m)	แผนที่	phăen thêe
local (m), area (f)	เขต	khàyt
lugar, sítio (m)	สถานที่	sà-thăan thêe
exotismo (m)	สิ่งแปลกใหม่	sìng bplàek mài
exótico	ต่างแดน	dtàang daen
surpreendente	น่าประหลาดใจ	nâa bprà-làat jai
grupo (m)	กลุ่ม	glùm
excursão (f)	การเดินทางท่องเที่ยว	gaan dern taang thôrng thîeow
guia (m)	มัคคุเทศก์	mák-khú-thâyt

21. Hotel

hotel (m)	โรงแรม	rohng raem
motel (m)	โรงแรม	rohng raem

três estrelas	สามดาว	sǎam daao
cinco estrelas	หาดาว	hâa daao
ficar (~ num hotel)	พัก	phák

quarto (m)	ห้อง	hôrng
quarto (m) individual	ห้องเดี่ยว	hôrng dìeow
quarto (m) duplo	หองคู	hôrng khôo
reservar um quarto	จองหอง	jorng hôrng

meia pensão (f)	พักครึ่งวัน	phák khrêung wan
pensão (f) completa	พักเต็มวัน	phák dtem wan

com banheira	มีห้องอาบน้ำ	mee hörng àap náam
com duche	มีฝักบัว	mee fàk bua
televisão (m) satélite	โทรทัศน์ดาวเทียม	thoh-rá-thát daao thiam
ar (m) condicionado	เครื่องปรับอากาศ	khrêuang bpràp-aa-gàat
toalha (f)	ผาเช็ดตัว	phâa chét dtua
chave (f)	กุญแจ	gun-jae

administrador (m)	นักบูริหาร	nák bor-rí-hǎan
camareira (f)	แมบาน	mâe bâan
bagageiro (m)	พนักงาน ขนกระเป๋า	phá-nák ngaan khǒn grà-bpǎo
porteiro (m)	พนักงาน เปิดประตู	phá-nák ngaan bpèrt bprà-dtoo

restaurante (m)	ร้านอาหาร	ráan aa-hǎan
bar (m)	บาร	baa
pequeno-almoço (m)	อาหารเช้า	aa-hǎan cháo
jantar (m)	อาหารเย็น	aa-hǎan yen
buffet (m)	บุฟเฟต	bùf-fây

hall (m) de entrada	ล็อบปี้	lórp-bêe
elevador (m)	ลิฟต	líf

NÃO PERTURBE	ห้ามรบกวน	hâam róp guan
PROIBIDO FUMAR!	หามสูบบุหรี่	hâam sòop bù rèe

22. Turismo

monumento (m)	อนุสาวรีย์	a-nú-sǎa-wá-ree
fortaleza (f)	ป้อม	bpôrm
palácio (m)	วัง	wang
castelo (m)	ปราสาท	bpraa-sàat
torre (f)	หอ	hǒr
mausoléu (m)	สุสาน	sù-sǎan

arquitetura (f)	สถาปัตยกรรม	sà-thǎa-bpàt-dtà-yá-gam
medieval	ยุคกลาง	yúk glaang
antigo	โบราณ	boh-raan
nacional	แหงชาติ	hàeng châat
conhecido	ที่มีชื่อเสียง	thêe mee chêu-sǐang
turista (m)	นักทองเที่ยว	nák thôrng thîeow
guia (pessoa)	มัคคุเทศก	mák-khú-thâyt

excursão (f)	ทัศนศึกษา	thát-sà-ná-sèuk-săa
mostrar (vt)	แสดง	sà-daeng
contar (vt)	เลา	lâo

encontrar (vt)	หาพบ	hăa phóp
perder-se (vr)	หลงทาง	lŏng thaang
mapa (~ do metrô)	แผนที่	phăen thêe
mapa (~ da cidade)	แผนที่	phăen thêe

lembrança (f), presente (m)	ของที่ระลึก	khŏrng thêe rá-léuk
loja (f) de presentes	รานขาย ของที่ระลึก	ráan khăai khŏrng thêe rá-léuk
fotografar (vt)	ถ่ายภาพ	thàai phâap
fotografar-se	ได้รับการ ถายภาพให	dâai ráp gaan thàai phâap hâi

TRANSPORTES

23. Aeroporto

aeroporto (m)	สนามบิน	sà-nǎam bin
avião (m)	เครื่องบิน	khrêuang bin
companhia (f) aérea	สายการบิน	sǎai gaan bin
controlador (m)	เจ้าหน้าที่ควบคุม	jâo nâa-thêe khûap khum
de tráfego aéreo	จราจรทางอากาศ	jà-raa-jon thaang aa-gàat
partida (f)	การออกเดินทาง	gaan òrk dern thaang
chegada (f)	การมาถึง	gaan maa thěung
chegar (~ de avião)	มาถึง	maa thěung
hora (f) de partida	เวลาขาไป	way-laa khǎa bpai
hora (f) de chegada	เวลามาถึง	way-laa maa thěung
estar atrasado	ถูกเลื่อน	thòok lêuan
atraso (m) de voo	เลื่อนเที่ยวบิน	lêuan thieow bin
painel (m) de informação	จอระดานแสดงข้อมูล	grà daan sà-daeng khôr moon
informação (f)	ข้อมูล	khôr moon
anunciar (vt)	ประกาศ	bprà-gàat
voo (m)	เที่ยวบิน	thîeow bin
alfândega (f)	ศุลกากร	sǔn-lá-gaa-gon
funcionário (m) da alfândega	เจ้าหน้าที่ศุลกากร	jâo nâa-thêe sǔn-lá-gaa-gon
declaração (f) alfandegária	แบบฟอร์มการเสียภาษีศุลกากร	bàep form gaan sǐa phaa-sěe sǔn-lá-gaa-gon
preencher (vt)	กรอก	gròrk
preencher a declaração	กรอกแบบฟอร์มการเสียภาษี	gròrk bàep form gaan sǐa paa-sěe
controlo (m) de passaportes	จุดตรวจหนังสือเดินทาง	jùt dtrùat nǎng-sěu dern-thaang
bagagem (f)	สัมภาระ	sǎm-phaa-rá
bagagem (f) de mão	กระเป๋าถือ	grà-bpǎo thěu
carrinho (m)	รถขนสัมภาระ	rót khǒn sǎm-phaa-rá
aterragem (f)	การลงจอด	gaan long jòrt
pista (f) de aterragem	ลานบินลงจอด	laan bin long jòrt
aterrar (vi)	ลงจอด	long jòrt
escada (f) de avião	ทางขึ้นลงเครื่องบิน	thaang khêun long khrêuang bin
check-in (m)	การเช็คอิน	gaan chék in
balcão (m) do check-in	เคาน์เตอร์เช็คอิน	khao-dtêr chék in
fazer o check-in	เช็คอิน	chék in

| cartão (m) de embarque | บัตรที่นั่ง | bàt thêe nâng |
| porta (f) de embarque | ซองเขา | chôrng khâo |

trânsito (m)	การต่อเที่ยวบิน	gaan tòr thîeow bin
esperar (vi, vt)	รอ	ror
sala (f) de espera	ห้องผู้โดยสารขาออก	hôrng phôo doi săan khăa òk
despedir-se de ...	ไปส่ง	bpai sòng
despedir-se (vr)	บอกลา	bòrk laa

24. Avião

avião (m)	เครื่องบิน	khrêuang bin
bilhete (m) de avião	ตั๋วเครื่องบิน	dtŭa khrêuang bin
companhia (f) aérea	สายการบิน	săai gaan bin
aeroporto (m)	สนามบิน	sà-năam bin
supersónico	ความเร็วเหนือเสียง	khwaam reo nĕua-sĭang

comandante (m) do avião	กัปตัน	gàp dtan
tripulação (f)	ลูกเรือ	lôok reua
piloto (m)	นักบิน	nák bin
hospedeira (f) de bordo	พนักงานต้อนรับบนเครื่องบิน	phá-nák ngaan dtôrn ráp bon khrêuang bin
copiloto (m)	ต้นหน	dtôn hŏn

asas (f pl)	ปีก	bpèek
cauda (f)	หาง	hăang
cabine (f) de pilotagem	ห้องนักบิน	hôrng nák bin
motor (m)	เครื่องยนต์	khrêuang yon
trem (m) de aterragem	โครงส่วนล่างของเครื่องบิน	khrorng sùan lâang khŏrng khrêuang bin
turbina (f)	กังหัน	gang-hăn

hélice (f)	ใบพัด	bai phát
caixa-preta (f)	กล่องดำ	glòrng dam
coluna (f) de controlo	คันบังคับ	khan bang-kháp
combustível (m)	เชื้อเพลิง	chéua phlerng

instruções (f pl) de segurança	คู่มือความปลอดภัย	khôo meu khwaam bplòt phai
máscara (f) de oxigénio	หน้ากากอ็อกซิเจน	nâa gàak ók sí jayn
uniforme (m)	เครื่องแบบ	khrêuang bàep
colete (m) salva-vidas	เสื้อชูชีพ	sêua choo chêep
paraquedas (m)	รมชูชีพ	rôm choo chêep

descolagem (f)	การบินขึ้น	gaan bin khêun
descolar (vi)	บินขึ้น	bin khêun
pista (f) de descolagem	ทางวิ่งเครื่องบิน	thaang wîng khrêuang bin

visibilidade (f)	ทัศนวิสัย	thát sá ná wí-săi
voo (m)	การบิน	gaan bin
altura (f)	ความสูง	khwaam sŏong
poço (m) de ar	หลุมอากาศ	lŭm aa-gàat

| assento (m) | ที่นั่ง | thêe nâng |
| auscultadores (m pl) | หูฟัง | hŏo fang |

mesa (f) rebatível	ฐาดพับเก็บได้	thàat pháp gèp dâai
vigia (f)	หน้าต่างเครื่องบิน	nâa dtàang khrêuang bin
passagem (f)	ทางเดิน	thaang dern

25. Comboio

comboio (m)	รถไฟ	rót fai
comboio (m) suburbano	รถไฟชานเมือง	rót fai chaan meuang
comboio (m) rápido	รถไฟด่วน	rót fai dùan
locomotiva (f) diesel	รถจักรดีเซล	rót jàk dee-sayn
comboio (m) a vapor	รถจักรไอน้ำ	rót jàk ai náam
carruagem (f)	ตู้โดยสาร	dtôo doi săan
carruagem restaurante (f)	ตูเสบียง	dtôo sà-biang
carris (m pl)	รางรถไฟ	raang rót fai
caminho de ferro (m)	ทางรถไฟ	thaang rót fai
travessa (f)	หมอนรองราง	mŏrn rorng raang
plataforma (f)	ชานชลา	chaan-chá-laa
linha (f)	ราง	raang
semáforo (m)	ไฟสัญญาณรถไฟ	fai săn-yaan rót fai
estação (f)	สถานี	sà-thăa-nee
maquinista (m)	คนขับรถไฟ	khon khàp rót fai
bagageiro (m)	พนักงานยกกระเป๋า	phá-nák ngaan yók grà-bpăo
hospedeiro, -a (da carruagem)	พนักงานรถไฟ	phá-nák ngaan rót fai
passageiro (m)	ผู้โดยสาร	phôo doi săan
revisor (m)	พนักงานตรวจตั๋ว	phá-nák ngaan dtrùat dtŭa
corredor (m)	ทางเดิน	thaang dern
freio (m) de emergência	เบรคฉุกเฉิน	bràyk chùk-chěrn
compartimento (m)	ตู้นอน	dtôo norn
cama (f)	เตียง	dtiang
cama (f) de cima	เตียงบน	dtiang bon
cama (f) de baixo	เตียงล่าง	dtiang lâang
roupa (f) de cama	ชุดเครื่องนอน	chút khrêuang norn
bilhete (m)	ตั๋ว	dtŭa
horário (m)	ตารางเวลา	dtaa-raang way-laa
painel (m) de informação	กระดานแสดงข้อมูล	grà daan sà-daeng khôr moon
partir (vt)	ออกเดินทาง	òrk dern thaang
partida (f)	การออกเดินทาง	gaan òrk dern thaang
chegar (vi)	มาถึง	maa thěung
chegada (f)	การมาถึง	gaan maa thěung
chegar de comboio	มาถึงโดยรถไฟ	maa thěung doi rót fai
apanhar o comboio	ขึ้นรถไฟ	khêun rót fai
sair do comboio	ลงจากรถไฟ	long jàk rót fai
acidente (m) ferroviário	รถไฟตกราง	rót fai dtòk raang

descarrilar (vi)	ตกราง	dtòk raang
comboio (m) a vapor	หัวรถจักรไอน้ำ	hŭa rót jàk ai náam
fogueiro (m)	คนควบคุมเตาไฟ	khon khûap khum dtao fai
fornalha (f)	เตาไฟ	dtao fai
carvão (m)	ถานหิน	thàan hĭn

26. Barco

navio (m)	เรือ	reua
embarcação (f)	เรือ	reua
vapor (m)	เรือจักรไอน้ำ	reua jàk ai náam
navio (m)	เรือลองแมน้ำ	reua lông mâe náam
transatlântico (m)	เรือเดินสมุทร	reua dern sà-mùt
cruzador (m)	เรือลาดตระเวน	reua lâat dtrà-wayn
iate (m)	เรือยอชต์	reua yôt
rebocador (m)	เรือลากจูง	reua lâak joong
barcaça (f)	เรือบูรรทุก	reua ban-thúk
ferry (m)	เรือขามฟ้าก	reua khâam fâak
veleiro (m)	เรือใบ	reua bai
bergantim (m)	เรือใบสองเสากระโดง	reua bai sŏrng săo grà-dohng
quebra-gelo (m)	เรือตัดน้ำแข็ง	reua dtàt náam khăeng
submarino (m)	เรือดำน้ำ	reua dam náam
bote, barco (m)	เรือพาย	reua phaai
bote, dingue (m)	เรือบดเล็ก	reua bòt lék
bote (m) salva-vidas	เรือชูชีพ	reua choo chêep
lancha (f)	เรือยนต์	reua yon
capitão (m)	กัปตัน	gàp dtan
marinheiro (m)	นาวิน	naa-win
marujo (m)	คนเรือ	khon reua
tripulação (f)	กะลาสี	gà-laa-sĕe
contramestre (m)	สรั่ง	sà-ràng
grumete (m)	คูนช่วยงานในเรือ	khon chûay ngaan nai reua
cozinheiro (m) de bordo	กุก	gúk
médico (m) de bordo	แพทย์เรือ	phâet reua
convés (m)	ดาดฟ้าเรือ	dàat-fáa reua
mastro (m)	เสากระโดงเรือ	săo grà-dohng reua
vela (f)	ใบเรือ	bai reua
porão (m)	ท้องเรือ	thórng-reua
proa (f)	หัวเรือ	hŭa-reua
popa (f)	ทวยเรือ	tháai reua
remo (m)	ไมพาย	máai phaai
hélice (f)	ใบจักร	bai jàk
camarote (m)	ห้องพัก	hôrng phák
sala (f) dos oficiais	หองอาหาร	hôrng aa-hăan

sala (f) das máquinas	ห้องเครื่องยนต์	hôrng khrêuang yon
ponte (m) de comando	สะพานเดินเรือ	sà-phaan dern reua
sala (f) de comunicações	หองวิทยุ	hôrng wít-thá-yú
onda (f) de rádio	คลื่นความถี่	khlêun khwaam thèe
diário (m) de bordo	สมุดบันทึก	sà-mùt ban-théuk
luneta (f)	กล้องส่องทางไกล	glôrng sòrng thaang glai
sino (m)	ระฆัง	rá-khang
bandeira (f)	ธง	thorng
cabo (m)	เชือก	chêuak
nó (m)	ปม	bpom
corrimão (m)	ราว	raao
prancha (f) de embarque	ไม้พาดให้ขึ้นลงเรือ	mái phâat hâi khêun long reua
âncora (f)	สมอ	sà-mŏr
recolher a âncora	ถอนสมอ	thŏrn sà-mŏr
lançar a âncora	ทอดสมอ	thôrt sà-mŏr
amarra (f)	โซ่สมอเรือ	sôh sà-mŏr reua
porto (m)	ท่าเรือ	thâa reua
cais, amarradouro (m)	ท่า	thâa
atracar (vt)	จอดเทียบท่า	jòt thîap tâa
desatracar (vi)	ออกจากท่า	òrk jàak tâa
viagem (f)	การเดินทาง	gaan dern thaang
cruzeiro (m)	การล่องเรือ	gaan lôrng reua
rumo (m), rota (f)	เส้นทาง	sên thaang
itinerário (m)	เสนทาง	sên thaang
canal (m) navegável	ร่องเรือเดิน	rông reua dern
baixio (m)	โขด	khòht
encalhar (vt)	เกยตื้น	goie dtêun
tempestade (f)	พายุ	phaa-yú
sinal (m)	สัญญาณ	săn-yaan
afundar-se (vr)	ลม	lôm
Homem ao mar!	คนตกเรือ!	kon dtòk reua
SOS	SOS	es-o-es
boia (f) salva-vidas	หวงยาง	hùang yaang

CIDADE

27. Transportes urbanos

autocarro (m)	รถเมล์	rót may
elétrico (m)	รถราง	rót raang
troleicarro (m)	รถโดยสารประจำทางไฟฟ้า	rót doi săan bprà-jam thaang fai fáa
itinerário (m)	เส้นทาง	sên thaang
número (m)	หมายเลข	măai lâyk
ir de ... (carro, etc.)	ไปด้วย	bpai dûay
entrar (~ no autocarro)	ขึ้น	khêun
descer de ...	ลง	long
paragem (f)	ป้าย	bpâai
próxima paragem (f)	ป้ายถัดไป	bpâai thàt bpai
ponto (m) final	ป้ายสุดท้าย	bpâai sùt tháai
horário (m)	ตารางเวลา	dtaa-raang way-laa
esperar (vt)	รอ	ror
bilhete (m)	ตั๋ว	dtŭa
custo (m) do bilhete	ค่าตั๋ว	khâa dtŭa
bilheteiro (m)	คนขายตั๋ว	khon khăai dtŭa
controlo (m) dos bilhetes	การตรวจตั๋ว	gaan dtrùat dtŭa
revisor (m)	พนักงานตรวจตั๋ว	phá-nák ngaan dtrùat dtŭa
atrasar-se (vr)	ไปสาย	bpai săi
perder (o autocarro, etc.)	พลาด	phlâat
estar com pressa	รีบเร่ง	rêep râyng
táxi (m)	แท็กซี่	tháek-sêe
taxista (m)	คนขับแท็กซี่	khon khàp tháek-sêe
de táxi (ir ~)	โดยแท็กซี่	doi tháek-sêe
praça (f) de táxis	ป้ายจอดแท็กซี่	bpâai jòrt tháek sêe
chamar um táxi	เรียกแท็กซี่	rîak tháek sêe
apanhar um táxi	ขึ้นรถแท็กซี่	khêun rót tháek-sêe
tráfego (m)	การจราจร	gaan jà-raa-jon
engarrafamento (m)	การจราจรติดขัด	gaan jà-raa-jon dtìt khàt
horas (f pl) de ponta	ชั่วโมงเร่งด่วน	chûa mohng râyng dùan
estacionar (vi)	จอด	jòrt
estacionar (vt)	จอด	jòrt
parque (m) de estacionamento	ลานจอดรถ	laan jòrt rót
metro (m)	รถไฟใต้ดิน	rót fai dtâi din
estação (f)	สถานี	sà-thăa-nee
ir de metro	ขึ้นรถไฟใต้ดิน	khêun rót fai dtâi din
comboio (m)	รถไฟ	rót fai
estação (f)	สถานีรถไฟ	sà-thăa-nee rót fai

28. Cidade. Vida na cidade

cidade (f)	เมือง	meuang
capital (f)	เมืองหลวง	meuang lŭang
aldeia (f)	หมู่บ้าน	mòo bâan
mapa (m) da cidade	แผนที่เมือง	phăen thêe meuang
centro (m) da cidade	ใจกลางเมือง	jai glaang-meuang
subúrbio (m)	ชานเมือง	chaan meuang
suburbano	ชานเมือง	chaan meuang
periferia (f)	รอบนอกเมือง	rôrp nôrk meuang
arredores (m pl)	เขตรอบเมือง	khàyt rôrp-meuang
quarteirão (m)	บล็อกผังเมือง	blòrk phăng meuang
quarteirão (m) residencial	บล็อกที่อยู่อาศัย	blòrk thêe yòo aa-sǎi
tráfego (m)	การจราจร	gaan jà-raa-jon
semáforo (m)	ไฟจราจร	fai jà-raa-jon
transporte (m) público	ขนส่งมวลชน	khŏn sòng muan chon
cruzamento (m)	สี่แยก	sèe yâek
passadeira (f)	ทางม้าลาย	thaang máa laai
passagem (f) subterrânea	อุโมงค์คนเดิน	u-mohng kon dern
cruzar, atravessar (vt)	ข้าม	khâam
peão (m)	คนเดินเท้า	khon dern tháo
passeio (m)	ทางเทา	thaang tháo
ponte (f)	สะพาน	sà-phaan
margem (f) do rio	ทางเลียบแม่น้ำ	thaang lîap mâe náam
fonte (f)	น้ำพุ	nám phú
alameda (f)	ทางเลียบสวน	thaang lîap sǔan
parque (m)	สวน	sǔan
bulevar (m)	ถนนกว้าง	thà-nŏn gwâang
praça (f)	จัตุรัส	jàt-dtù-ràt
avenida (f)	ถนนใหญ่	thà-nŏn yài
rua (f)	ถนน	thà-nŏn
travessa (f)	ซอย	soi
beco (m) sem saída	ทางตัน	thaang dtan
casa (f)	บ้าน	bâan
edifício, prédio (m)	อาคาร	aa-khaan
arranha-céus (m)	ตึกระฟ้า	dtèuk rá-fáa
fachada (f)	ด้านหน้าอาคาร	dâan-nâa aa-khaan
telhado (m)	หลังคา	lăng khaa
janela (f)	หน้าต่าง	nâa dtàang
arco (m)	ซุ้มประตู	súm bprà-dtoo
coluna (f)	เสา	sǎo
esquina (f)	มุม	mum
montra (f)	หน้าต่างร้านค้า	nâa dtàang ráan kháa
letreiro (m)	ป้ายร้าน	bpâai ráan
cartaz (m)	โปสเตอร์	bpòht-dtêr
cartaz (m) publicitário	ป้ายโฆษณา	bpâai khôht-sà-naa

painel (m) publicitário	กระดานปิดประกาศ โฆษณา	grà-daan bpìt bprà-gàat khôht-sà-naa
lixo (m)	ขยะ	khà-yà
cesta (f) do lixo	ถังขยะ	thǎng khà-yà
jogar lixo na rua	ทิ้งขยะ	thíng khà-yà
aterro (m) sanitário	ที่ทิ้งขยะ	thêe thíng khà-yà
cabine (f) telefónica	ตู้โทรศัพท์	dtôo thoh-rá-sàp
candeeiro (m) de rua	เสาโคม	sǎo khohm
banco (m)	ม้านั่ง	máa nâng
polícia (m)	เจ้าหน้าที่ตำรวจ	jâo nâa-thêe dtam-rùat
polícia (instituição)	ตำรวจ	dtam-rùat
mendigo (m)	ขอทาน	khǒr thaan
sem-abrigo (m)	คนไร้บ้าน	khon rái bâan

29. Instituições urbanas

loja (f)	ร้านค้า	ráan kháa
farmácia (f)	ร้านขายยา	ráan khǎai yaa
ótica (f)	ร้านตัดแว่น	ráan dtàt wâen
centro (m) comercial	ศูนย์การค้า	sǒon gaan kháa
supermercado (m)	ซูเปอร์มาร์เก็ต	soo-bper-maa-gèt
padaria (f)	ร้านขนมปัง	ráan khà-nǒm bpang
padeiro (m)	คนอบขนมปัง	khon òp khà-nǒm bpang
pastelaria (f)	ร้านขนม	ráan khà-nǒm
mercearia (f)	ร้านขายของชำ	ráan khǎai khǒrng cham
talho (m)	ร้านขายเนื้อ	ráan khǎai néua
loja (f) de legumes	ร้านขายผัก	ráan khǎai phàk
mercado (m)	ตลาด	dtà-làat
café (m)	ร้านกาแฟ	ráan gaa-fae
restaurante (m)	ร้านอาหาร	ráan aa-hǎan
bar (m), cervejaria (f)	บาร์	baa
pizzaria (f)	ร้านพิซซ่า	ráan phís-sâa
salão (m) de cabeleireiro	ร้านทำผม	ráan tham phǒm
correios (m pl)	โรงไปรษณีย์	rohng bprai-sà-nee
lavandaria (f)	ร้านซักแห้ง	ráan sák hâeng
estúdio (m) fotográfico	ห้องถ่ายภาพ	hôrng thàai phâap
sapataria (f)	ร้านขายรองเท้า	ráan khǎai rorng táo
livraria (f)	ร้านขายหนังสือ	ráan khǎai nǎng-sěu
loja (f) de artigos de desporto	ร้านขายอุปกรณ์กีฬา	ráan khǎai u-bpà-gon gee-laa
reparação (f) de roupa	ร้านซ่อมเสื้อผ้า	ráan sôrm sêua phâa
aluguer (m) de roupa	ร้านเช่าเสื้อออกงาน	ráan châo sêua òrk ngaan
aluguer (m) de filmes	ร้านเช่าวิดีโอ	ráan châo wí-dee-oh
circo (m)	โรงละครสัตว์	rohng lá-khon sàt
jardim (m) zoológico	สวนสัตว์	sǔan sàt
cinema (m)	โรงภาพยนตร์	rohng phâap-phá-yon

museu (m)	พิพิธภัณฑ์	phí-phítha phan
biblioteca (f)	หองสมุด	hôrng sà-mùt
teatro (m)	โรงละคร	rohng lá-khon
ópera (f)	โรงอุปรากร	rohng ù-bpà-raa-gon
clube (m) noturno	ไนทคลับ	nai-khláp
casino (m)	คาสิโน	khaa-sì-noh
mesquita (f)	สุเหร่า	sù-rào
sinagoga (f)	โบสถยิว	bòht yiw
catedral (f)	อาสนวิหาร	aa sŏn wí-hăan
templo (m)	วิหาร	wí-hăan
igreja (f)	โบสถ	bòht
instituto (m)	วิทยาลัย	wít-thá-yaa-lai
universidade (f)	มหาวิทยาลัย	má-hăa wít-thá-yaa-lai
escola (f)	โรงเรียน	rohng rian
prefeitura (f)	ศาลากลางจังหวัด	săa-laa glaang jang-wàt
câmara (f) municipal	ศาลาเทศบาล	săa-laa thâyt-sà-baan
hotel (m)	โรงแรม	rohng raem
banco (m)	ธนาคาร	thá-naa-khaan
embaixada (f)	สถานทูต	sà-thăan thôot
agência (f) de viagens	บริษัททัวร	bor-rí-sàt thua
agência (f) de informações	สำนักงาน	săm-nák ngaan
	ศูนยขอมูล	sŏon khôr moon
casa (f) de câmbio	รานแลกเงิน	ráan lâek ngern
metro (m)	รถไฟใตดิน	rót fai dtâi din
hospital (m)	โรงพยาบาล	rohng phá-yaa-baan
posto (m) de gasolina	ปั๊มน้ำมัน	bpám náam man
parque (m) de estacionamento	ลานจอดรถ	laan jòrt rót

30. Sinais

letreiro (m)	ปายราน	bpâai ráan
inscrição (f)	ปายเตือน	bpâai dteuan
cartaz, póster (m)	โปสเตอร	bpòht-dtêr
sinal (m) informativo	ปายบอกทาง	bpâai bòrk thaang
seta (f)	ลูกศร	lôok sŏn
aviso (advertência)	คำเตือน	kham dteuan
sinal (m) de aviso	ปายเตือน	bpâai dteuan
avisar, advertir (vt)	เตือน	dteuan
dia (m) de folga	วันหยุด	wan yùt
horário (m)	ตารางเวลา	dtaa-raang way-laa
horário (m) de funcionamento	เวลาทำการ	way-laa tham gaan
BEM-VINDOS!	ยินดีตอนรับ!	yin dee dtôrn ráp
ENTRADA	ทางเขา	thaang khâo
SAÍDA	ทางออก	thaang òrk

EMPURRE	ผลัก	phlàk
PUXE	ดึง	deung
ABERTO	เปิด	bpèrt
FECHADO	ปิด	bpìt

| MULHER | หญิง | yǐng |
| HOMEM | ชาย | chaai |

DESCONTOS	ลดราคา	lót raa-khaa
SALDOS	ขายของลดราคา	khǎai khǒrng lót raa-khaa
NOVIDADE!	ใหม่!	mài
GRÁTIS	ฟรี	free

ATENÇÃO!	โปรดทราบ!	bpròht sâap
NÃO HÁ VAGAS	ไม่มีห้องว่าง	mâi mee hôrng wâang
RESERVADO	จองแล้ว	jorng láew

| ADMINISTRAÇÃO | สำนักงาน | sǎm-nák ngaan |
| SOMENTE PESSOAL AUTORIZADO | เฉพาะพนักงาน | chà-phór phá-nák ngaan |

CUIDADO CÃO FEROZ	ระวังสุนัข!	rá-wang sù-nák
PROIBIDO FUMAR!	ห้ามสูบบุหรี่	hâam sòop bù rèe
NÃO TOCAR	ห้ามแตะ!	hâam dtàe

PERIGOSO	อันตราย	an-dtà-raai
PERIGO	อันตราย	an-dtà-raai
ALTA TENSÃO	ไฟฟ้าแรงสูง	fai fáa raeng sǒong
PROIBIDO NADAR	ห้ามว่ายน้ำ!	hâam wâai náam
AVARIADO	เสีย	sǐa

INFLAMÁVEL	อันตรายติดไฟ	an-dtà-raai dtìt fai
PROIBIDO	ห้าม	hâam
ENTRADA PROIBIDA	ห้ามผ่าน!	hâam phàan
CUIDADO TINTA FRESCA	สีพื้นเปียก	sǐe phéun bpìak

31. Compras

comprar (vt)	ซื้อ	séu
compra (f)	ของซื้อ	khǒrng séu
fazer compras	ไปซื้อของ	bpai séu khǒrng
compras (f pl)	การชอปปิง	gaan chôp bping

| estar aberta (loja, etc.) | เปิด | bpèrt |
| estar fechada | ปิด | bpìt |

calçado (m)	รองเท้า	rorng tháo
roupa (f)	เสื้อผ้า	sêua phâa
cosméticos (m pl)	เครื่องสำอาง	khrêuang sǎm-aang
alimentos (m pl)	อาหาร	aa-hǎan
presente (m)	ของขวัญ	khǒrng khwǎn

| vendedor (m) | พนักงานขาย | phá-nák ngaan khǎai |
| vendedora (f) | พนักงานขาย | phá-nák ngaan khǎai |

caixa (f)	ที่จ่ายเงิน	thêe jàai ngern
espelho (m)	กระจก	grà-jòk
balcão (m)	เคาน์เตอร์	khao-dtêr
cabine (f) de provas	ห้องลองเสื้อผ้า	hôrng lorng sêua phâa

provar (vt)	ลอง	lorng
servir (vi)	เหมาะ	mò
gostar (apreciar)	ชอบ	chôrp

preço (m)	ราคา	raa-khaa
etiqueta (f) de preço	ป้ายราคา	bpâai raa-khaa
custar (vt)	ราคา	raa-khaa
Quanto?	ราคาเท่าไหร่?	raa-khaa thâo rài
desconto (m)	ลดราคา	lót raa-khaa

não caro	ไม่แพง	mâi phaeng
barato	ถูก	thòok
caro	แพง	phaeng
É caro	มันราคาแพง	man raa-khaa phaeng

aluguer (m)	การเช่า	gaan châo
alugar (vestidos, etc.)	เช่า	châo
crédito (m)	สินเชื่อ	sĭn chêua
a crédito	ซื้อเงินเชื่อ	séu ngern chêua

VESTUÁRIO & ACESSÓRIOS

32. Roupa exterior. Casacos

roupa (f)	เสื้อผ้า	sêua phâa
roupa (f) exterior	เสื้อนอก	sêua nôk
roupa (f) de inverno	เสื้อกันหนาว	sêua gan năao
sobretudo (m)	เสื้อโค้ท	sêua khóht
casaco (m) de peles	เสื้อโค้ทขนสัตว์	sêua khóht khŏn sàt
casaco curto (m) de peles	แจคเก็ตขนสัตว์	jáek-gèt khŏn sàt
casaco (m) acolchoado	แจ็คเก็ตกันหนาว	jàek-gèt gan năao
casaco, blusão (m)	แจ็คเก็ต	jáek-gèt
impermeável (m)	เสื้อกันฝน	sêua gan fŏn
impermeável	ซึ่งกันน้ำได้	sêung gan náam dâai

33. Vestuário de homem & mulher

camisa (f)	เสื้อ	sêua
calças (f pl)	กางเกง	gaang-gayng
calças (f pl) de ganga	กางเกงยีนส์	gaang-gayng yeen
casaco (m) de fato	แจ็คเก็ตสูท	jáek-gèt sòot
fato (m)	ชุดสูท	chút sòot
vestido (ex. ~ vermelho)	ชุดเดรส	chút draet
saia (f)	กระโปรง	grà bprohng
blusa (f)	เสื้อ	sêua
casaco (m) de malha	แจคเก็ตถัก	jáek-gèt thàk
casaco, blazer (m)	แจคเก็ต	jáek-gèt
T-shirt, camiseta (f)	เสื้อยืด	sêua yêut
calções (Bermudas, etc.)	กางเกงขาสั้น	gaang-gayng khăa sân
fato (m) de treino	ชุดวอรม	chút wom
roupão (m) de banho	เสื้อคลุมอาบน้ำ	sêua khlum àap náam
pijama (m)	ชุดนอน	chút norn
suéter (m)	เสื้อไหมพรม	sêua măi phrom
pulôver (m)	เสื้อกันหนาวแบบสวม	sêua gan năao bàep sŭam
colete (m)	เสื้อกั๊ก	sêua gák
fraque (m)	เสื้อเทลโค้ต	sêua thayn-khóht
smoking (m)	ชุดทักซิโด	chút thák sí dôh
uniforme (m)	เครื่องแบบ	khrêuang bàep
roupa (f) de trabalho	ชุดทำงาน	chút tam ngaan
fato-macaco (m)	ชุดเอี๊ยม	chút íam
bata (~ branca, etc.)	เสื้อคลุม	sêua khlum

34. Vestuário. Roupa interior

roupa (f) interior	ชุดชั้นใน	chút chán nai
cuecas boxer (f pl)	กางเกงในชาย	gaang-gayng nai chaai
cuecas (f pl)	กางเกงในสตรี	gaang-gayng nai sàt-dtree
camisola (f) interior	เสื้อชั้นใน	sêua chán nai
peúgas (f pl)	ถุงเท้า	thŭng tháo
camisa (f) de noite	ชุดนอนสตรี	chút norn sàt-dtree
sutiã (m)	ยกทรง	yók song
meias longas (f pl)	ถุงเท้ายาว	thŭng tháo yaao
meias-calças (f pl)	ถุงน่องเต็มตัว	thŭng nôrng dtem dtua
meias (f pl)	ถุงน่อง	thŭng nôrng
fato (m) de banho	ชุดว่ายน้ำ	chút wâai náam

35. Adereços de cabeça

chapéu (m)	หมวก	mùak
chapéu (m) de feltro	หมวก	mùak
boné (m) de beisebol	หมวกเบสบอล	mùak bàyt-bon
boné (m)	หมวกติงลี่	mùak dting lêe
boina (f)	หมวกเบเร่ต์	mùak bay-rây
capuz (m)	ฮูด	hóot
panamá (m)	หมวกปานามา	mùak bpaa-naa-maa
gorro (m) de malha	หมวกไหมพรม	mùak măi phrom
lenço (m)	ผ้าโพกศีรษะ	phâa phôhk sěe-sà
chapéu (m) de mulher	หมวกสตรี	mùak sàt-dtree
capacete (m) de proteção	หมวกนิรภัย	mùak ní-rá-phai
bivaque (m)	หมวกหนีบ	mùak nèep
capacete (m)	หมวกกันน็อค	mùak ní-rá-phai
chapéu-coco (m)	หมวกกลมทรงสูง	mùak glom song sŏong
chapéu (m) alto	หมวกทรงสูง	mùak song sŏong

36. Calçado

calçado (m)	รองเท้า	rorng tháo
botinas (f pl)	รองเท้า	rorng tháo
sapatos (de salto alto, etc.)	รองเท้า	rorng tháo
botas (f pl)	รองเท้าบูท	rorng tháo bòot
pantufas (f pl)	รองเท้าแตะในบ้าน	rorng tháo dtàe nai bâan
ténis (m pl)	รองเท้ากีฬา	rorng tháo gee-laa
sapatilhas (f pl)	รองเท้าผ้าใบ	rorng tháo phâa bai
sandálias (f pl)	รองเท้าแตะ	rorng tháo dtàe
sapateiro (m)	คนซ่อมรองเท้า	khon sôrm rorng tháo
salto (m)	ส้นรองเท้า	sôn rorng tháo

par (m)	คู่	khôo
atacador (m)	เชือกรองเท้า	chêuak rorng tháo
apertar os atacadores	ผูกเชือกรองเท้า	phòok chêuak rorng tháo
calçadeira (f)	ที่ชอนรองเท้า	thêe chón rorng tháo
graxa (f) para calçado	ยาขัดรองเท้า	yaa khàt rorng tháo

37. Acessórios pessoais

luvas (f pl)	ถุงมือ	thŭng meu
mitenes (f pl)	ถุงมือ	thŭng meu
cachecol (m)	ผ้าพันคอ	phâa phan khor
óculos (m pl)	แว่นตา	wâen dtaa
armação (f) de óculos	กรอบแว่น	gròrp wâen
guarda-chuva (m)	ร่ม	rôm
bengala (f)	ไม้เท้า	máai tháo
escova (f) para o cabelo	แปรงหวีผม	bpraeng wĕe phŏm
leque (m)	พัด	phát
gravata (f)	เนคไท	nâyk-thai
gravata-borboleta (f)	โบว์หูกระต่าย	boh hŏo grà-dtàai
suspensórios (m pl)	สายเอี๊ยม	săai íam
lenço (m)	ผ้าเช็ดหน้า	phâa chét-nâa
pente (m)	หวี	wĕe
travessão (m)	ที่หนีบผม	têe nèep phŏm
gancho (m) de cabelo	กิ๊บ	gíp
fivela (f)	หัวเข็มขัด	hŭa khĕm khàt
cinto (m)	เข็มขัด	khĕm khàt
correia (f)	สายกระเป๋า	săai grà-bpăo
mala (f)	กระเป๋า	grà-bpăo
mala (f) de senhora	กระเป๋าถือ	grà-bpăo thĕu
mochila (f)	กระเป๋าสะพายหลัง	grà-bpăo sà-phaai lăng

38. Vestuário. Diversos

moda (f)	แฟชั่น	fae-chân
na moda	ค่านิยม	khâa ní-yom
estilista (m)	นักออกแบบแฟชั่น	nák òrk bàep fae-chân
colarinho (m), gola (f)	คอปกเสื้อ	khor bpòk sêua
bolso (m)	กระเป๋า	grà-bpăo
de bolso	กระเป๋า	grà-bpăo
manga (f)	แขนเสื้อ	khăen sêua
presilha (f)	ที่แขวนเสื้อ	thêe khwăen sêua
braguilha (f)	ซิปกางเกง	síp gaang-gayng
fecho (m) de correr	ซิป	síp
fecho (m), colchete (m)	ซิป	síp
botão (m)	กระดุม	grà dum

| casa (f) de botão | รูกระดุม | roo grà dum |
| saltar (vi) (botão, etc.) | หลุดออก | lùt òrk |

coser, costurar (vi)	เย็บ	yép
bordar (vt)	ปัก	bpàk
bordado (m)	ลายปัก	laai bpàk
agulha (f)	เข็มเย็บผ้า	khěm yép phâa
fio (m)	เสนดาย	sây-dâai
costura (f)	รอยเย็บ	roi yép

sujar-se (vr)	สกปรก	sòk-gà-bpròk
mancha (f)	รอยเปื้อน	roi bpêuan
engelhar-se (vr)	พับเป็นรอยยน	pháp bpen roi yôn
rasgar (vt)	ฉีก	chèek
traça (f)	แมลงกินผ้า	má-laeng gin phâa

39. Cuidados pessoais. Cosméticos

pasta (f) de dentes	ยาสีฟัน	yaa sěe fan
escova (f) de dentes	แปรงสีฟัน	bpraeng sěe fan
escovar os dentes	แปรงฟัน	bpraeng fan

máquina (f) de barbear	มีดโกน	mêet gohn
creme (m) de barbear	ครีมโกนหนวด	khreem gohn nùat
barbear-se (vr)	โกน	gohn

| sabonete (m) | สบู่ | sà-bòo |
| champô (m) | แชมพู | chaem-phoo |

tesoura (f)	กรรไกร	gan-grai
lima (f) de unhas	ตะไบเล็บ	dtà-bai lép
corta-unhas (m)	กรรไกรตัดเล็บ	gan-grai dtàt lép
pinça (f)	แหนบ	nàep

cosméticos (m pl)	เครื่องสำอาง	khrêuang sǎm-aang
máscara (f) facial	มาสกหน้า	mâak nâa
manicura (f)	การแตงเล็บ	gaan dtàeng lép
fazer a manicura	แตงเล็บ	dtàeng lép
pedicure (f)	การแตงเล็บเท้า	gaan dtàeng lép táo

mala (f) de maquilhagem	กระเป๋าเครื่องสำอาง	grà-bpǎo khrêuang sǎm-aang
pó (m)	แปงฝุน	bpâeng-fùn
caixa (f) de pó	ตลับแปง	dtà-làp bpâeng
blush (m)	แปงทาแกม	bpâeng thaa gâem

perfume (m)	น้ำหอม	nám hǒrm
água (f) de toilette	น้ำหอมออนๆ	náam hǒrm òn òn
loção (f)	โลชั่น	loh-chân
água-de-colónia (f)	โคโลญจ์	khoh-lohn

sombra (f) de olhos	อายแชโดว์	aai-chae-doh
lápis (m) delineador	อายไลเนอร์	aai lai-ner
máscara (f), rímel (m)	มาสคารา	mâat-khaa-râa
batom (m)	ลิปสติก	líp-sà-dtìk

verniz (m) de unhas	น้ำยาทาเล็บ	nám yaa-thaa lép
laca (f) para cabelos	สเปรย์ฉีดผม	sà-bpray chèet phŏm
desodorizante (m)	ยาดับกลิ่น	yaa dàp glìn

creme (m)	ครีม	khreem
creme (m) de rosto	ครีมทาหน้า	khreem thaa nâa
creme (m) de mãos	ครีมทามือ	khreem thaa meu
creme (m) antirrugas	ครีมลดริ้วรอย	khreem lót ríw roi
creme (m) de dia	ครีมกลางวัน	khreem klaang wan
creme (m) de noite	ครีมกลางคืน	khreem klaang kheun
de dia	กลางวัน	glaang wan
da noite	กลางคืน	glaang kheun

tampão (m)	ผ้าอนามัยแบบสอด	phâa a-naa-mai bàep sòrt
papel (m) higiénico	กระดาษชำระ	grà-dàat cham-rá
secador (m) elétrico	เครื่องเป่าผม	khrêuang bpào phŏm

40. Relógios de pulso. Relógios

relógio (m) de pulso	นาฬิกา	naa-lí-gaa
mostrador (m)	หน้าปัด	nâa bpàt
ponteiro (m)	เข็ม	khěm
bracelete (f) em aço	สายนาฬิกาข้อมือ	sǎai naa-lí-gaa khôr meu
bracelete (f) em pele	สายรัดข้อมือ	sǎai rát khôr meu

pilha (f)	แบตเตอรี่	bàet-dter-rêe
descarregar-se	หมด	mòt
trocar a pilha	เปลี่ยนแบตเตอรี่	bplìan bàet-dter-rêe
estar adiantado	เดินเร็วเกินไป	dern reo gern bpai
estar atrasado	เดินช้า	dern cháa

relógio (m) de parede	นาฬิกาแขวนผนัง	naa-lí-gaa khwǎen phà-nǎng
ampulheta (f)	นาฬิกาทราย	naa-lí-gaa saai
relógio (m) de sol	นาฬิกาแดด	naa-lí-gaa dàet
despertador (m)	นาฬิกาปลุก	naa-lí-gaa bplùk
relojoeiro (m)	ช่างซ่อมนาฬิกา	châang sôrm naa-lí-gaa
reparar (vt)	ซ่อม	sôrm

EXPERIÊNCIA DO QUOTIDIANO

41. Dinheiro

dinheiro (m)	เงิน	ngern
câmbio (m)	การแลกเปลี่ยนสกุลเงิน	gaan lâek bplìan sà-gun ngern
taxa (f) de câmbio	อัตราแลกเปลี่ยนสกุลเงิน	àt-dtraa lâek bplìan sà-gun ngern
Caixa Multibanco (m)	เอทีเอ็ม	ay-thee-em
moeda (f)	เหรียญ	rĭan
dólar (m)	ดอลลาร์	dorn-lâa
euro (m)	ยูโร	yoo-roh
lira (f)	ลีราอิตาลี	lee-raa ì-dtaa-lee
marco (m)	มาร์ค	mâak
franco (m)	ฟรังค์	frang
libra (f) esterlina	ปอนด์สเตอร์ลิง	bporn sà-dtêr-ling
iene (m)	เยน	yayn
dívida (f)	หนี้	nêe
devedor (m)	ลูกหนี้	lôok nêe
emprestar (vt)	ให้ยืม	hâi yeum
pedir emprestado	ขอยืม	khŏr yeum
banco (m)	ธนาคาร	thá-naa-khaan
conta (f)	บัญชี	ban-chee
depositar (vt)	ฝาก	fàak
depositar na conta	ฝากเงินเข้าบัญชี	fàak ngern khâo ban-chee
levantar (vt)	ถอน	thŏrn
cartão (m) de crédito	บัตรเครดิต	bàt khray-dìt
dinheiro (m) vivo	เงินสด	ngern sòt
cheque (m)	เช็ค	chék
passar um cheque	เขียนเช็ค	khĭan chék
livro (m) de cheques	สมุดเช็ค	sà-mùt chék
carteira (f)	กระเป๋าเงิน	grà-bpǎo ngern
porta-moedas (m)	กระเป๋าสตางค์	grà-bpǎo sà-dtaang
cofre (m)	ตู้เซฟ	dtôo sâyf
herdeiro (m)	ทายาท	thaa-yâat
herança (f)	มรดก	mor-rá-dòrk
fortuna (riqueza)	เงินจำนวนมาก	ngern jam-nuan mâak
arrendamento (m)	สัญญาเช่า	săn-yaa châo
renda (f) de casa	ค่าเช่า	kâa châo
alugar (vt)	เช่า	châo
preço (m)	ราคา	raa-khaa

| custo (m) | ราคา | raa-khaa |
| soma (f) | จำนวนเงินรวม | jam-nuan ngern ruam |

gastar (vt)	จ่าย	jàai
gastos (m pl)	ค่าจ่าย	khâa jàai
economizar (vi)	ประหยัด	bprà-yàt
económico	ประหยัด	bprà-yàt

pagar (vt)	จ่าย	jàai
pagamento (m)	การจ่ายเงิน	gaan jàai ngern
troco (m)	เงินทอน	ngern thorn

imposto (m)	ภาษี	phaa-sěe
multa (f)	ค่าปรับ	khâa bpràp
multar (vt)	ปรับ	bpràp

42. Correios. Serviço postal

correios (m pl)	โรงไปรษณีย์	rohng bprai-sà-nee
correio (m)	จดหมาย	jòt mǎai
carteiro (m)	บุรุษไปรษณีย์	bù-rùt bprai-sà-nee
horário (m)	เวลาทำการ	way-laa tham gaan

carta (f)	จดหมาย	jòt mǎai
carta (f) registada	จดหมายลงทะเบียน	jòt mǎai long thá-bian
postal (m)	ไปรษณียบัตร	bprai-sà-nee-yá-bàt
telegrama (m)	โทรเลข	thoh-rá-lâyk
encomenda (f) postal	พัสดุ	phát-sà-dù
remessa (f) de dinheiro	การโอนเงิน	gaan ohn ngern

receber (vt)	รับ	ráp
enviar (vt)	ฝาก	fàak
envio (m)	การฝาก	gaan fàak

| endereço (m) | ที่อยู่ | thêe yòo |
| código (m) postal | รหัสไปรษณีย์ | rá-hàt bprai-sà-nee |

| remetente (m) | ผู้ฝาก | phôo fàak |
| destinatário (m) | ผู้รับ | phôo ráp |

| nome (m) | ชื่อ | chêu |
| apelido (m) | นามสกุล | naam sà-gun |

tarifa (f)	อัตราค่าส่งไปรษณีย์	àt-dtraa khâa sòng bprai-sà-nee
normal	มาตรฐาน	mâat-dtrà-thǎan
económico	ประหยัด	bprà-yàt

peso (m)	น้ำหนัก	nám nàk
pesar (estabelecer o peso)	มีน้ำหนัก	mee nám nàk
envelope (m)	ซอง	sorng
selo (m)	แสตมป์ไปรษณีย์	sà-dtaem bprai-sà-nee
colar o selo	แสตมป์ตราประทับบนซอง	sà-dtaem dtraa bprà-tháp bon song

43. Banca

banco (m)	ธนาคาร	thá-naa-khaan
sucursal, balcão (f)	สาขา	sǎa-khǎa

consultor (m)	พนักงาน ธนาคาร	phá-nák ngaan thá-naa-khaan
gerente (m)	ผู้จัดการ	phôo jàt gaan

conta (f)	บัญชีธนาคาร	ban-chee thá-naa-kaan
número (m) da conta	หมายเลขบัญชี	mǎai lâyk ban-chee
conta (f) corrente	กระแสรายวัน	grà-sǎe raai wan
conta (f) poupança	บัญชีออมทรัพย์	ban-chee orm sáp

abrir uma conta	เปิดบัญชี	bpèrt ban-chee
fechar uma conta	ปิดบัญชี	bpìt ban-chee
depositar na conta	ฝากเงินเข้าบัญชี	fàak ngern khâo ban-chee
levantar (vt)	ถอน	thǒrn

depósito (m)	การฝาก	gaan fàak
fazer um depósito	ฝาก	fàak
transferência (f) bancária	การโอนเงิน	gaan ohn ngern
transferir (vt)	โอนเงิน	ohn ngern

soma (f)	จำนวนเงินรวม	jam-nuan ngern ruam
Quanto?	เท่าไหร่?	thâo rài

assinatura (f)	ลายมือชื่อ	laai meu chêu
assinar (vt)	ลงนาม	long naam

cartão (m) de crédito	บัตรเครดิต	bàt khray-dìt
código (m)	รหัส	rá-hàt
número (m) do cartão de crédito	หมายเลขบัตรเครดิต	mǎai lâyk bàt khray-dìt
Caixa Multibanco (m)	เอทีเอ็ม	ay-thee-em

cheque (m)	เช็ค	chék
passar um cheque	เขียนเช็ค	khǐan chék
livro (m) de cheques	สมุดเช็ค	sà-mùt chék

empréstimo (m)	เงินกู้	ngern gôo
pedir um empréstimo	ขอสินเชื่อ	khǒr sǐn chêua
obter um empréstimo	กู้เงิน	gôo ngern
conceder um empréstimo	ให้กู้เงิน	hâi gôo ngern
garantia (f)	การรับประกัน	gaan ráp bprà-gan

44. Telefone. Conversação telefónica

telefone (m)	โทรศัพท์	thoh-rá-sàp
telemóvel (m)	มือถือ	meu thěu
secretária (f) electrónica	เครื่องพูดตอบ	khrêuang phôot dtòp
fazer uma chamada	โทรศัพท์	thoh-rá-sàp
chamada (f)	การโทรศัพท์	gaan thoh-rá-sàp

marcar um número	หมุนหมายเลขโทรศัพท์	mǔn mǎai lâyk thoh-rá-sàp
Alô!	สวัสดี!	sà-wàt-dee
perguntar (vt)	ถาม	thǎam
responder (vt)	รับสาย	ráp sǎai

ouvir (vt)	ได้ยิน	dâai yin
bem	ดี	dee
mal	ไม่ดี	mâi dee
ruído (m)	เสียงรบกวน	sǐang róp guan

auscultador (m)	ตัวรับสัญญาณ	dtua ráp sǎn-yaan
pegar o telefone	รับสาย	ráp sǎai
desligar (vi)	วางสาย	waang sǎai

ocupado	ไม่ว่าง	mâi wâang
tocar (vi)	ดัง	dang
lista (f) telefónica	สมุดโทรศัพท์	sà-mùt thoh-rá-sàp

local	ในประเทศ	nai bprà-thâyt
chamada (f) local	โทรในประเทศ	thoh nai bprà-thâyt
para outra cidade	ระยะไกล	rá-yá glai
chamada (f) para outra cidade	โทรระยะไกล	thoh-rá-yá glai
internacional	ต่างประเทศ	dtàang bprà-thâyt
chamada (f) internacional	โทรต่างประเทศ	thoh dtàang bprà-thâyt

45. Telefone móvel

telemóvel (m)	มือถือ	meu thěu
ecrã (m)	หน้าจอ	nâa jor
botão (m)	ปุ่ม	bpùm
cartão SIM (m)	ซิมการ์ด	sím gàat

bateria (f)	แบตเตอรี่	bàet-dter-rêe
descarregar-se	หมด	mòt
carregador (m)	ที่ชาร์จ	thêe châat

menu (m)	เมนู	may-noo
definições (f pl)	การตั้งค่า	gaan dtâng khâa
melodia (f)	เสียงเพลง	sǐang phlayng
escolher (vt)	เลือก	lêuak
calculadora (f)	เครื่องคิดเลข	khrêuang khít lâyk
correio (m) de voz	ขอความเสียง	khôr khwaam sǐang
despertador (m)	นาฬิกาปลุก	naa-lí-gaa bplùk
contatos (m pl)	รายชื่อผู้ติดต่อ	raai chêu phôo dtìt dtòr

mensagem (f) de texto	SMS	es-e-mes
assinante (m)	ผู้สมัครรับบริการ	phôo sà-màk ráp bor-rí-gaan

46. Estacionário

caneta (f)	ปากกาลูกลื่น	bpàak gaa lôok lêun
caneta (f) tinteiro	ปากกาหมึกซึม	bpàak gaa mèuk seum

lápis (m)	ดินสอ	din-sŏr
marcador (m)	ปากกาเน้น	bpàak gaa náyn
caneta (f) de feltro	ปากกาเมจิค	bpàak gaa may jìk
bloco (m) de notas	สมุดจด	sà-mùt jòt
agenda (f)	สมุดบันทึกรายวัน	sà-mùt ban-théuk raai wan
régua (f)	ไม้บรรทัด	máai ban-thát
calculadora (f)	เครื่องคิดเลข	khrêuang khít lâyk
borracha (f)	ยางลบ	yaang lóp
pionés (m)	เป๊ก	bpáyk
clipe (m)	ลวดหนีบกระดาษ	lûat nèep grà-dàat
cola (f)	กาว	gaao
agrafador (m)	ที่เย็บกระดาษ	thêe yép grà-dàat
furador (m)	ที่เจาะรูกระดาษ	thêe jòr roo grà-dàat
afia-lápis (m)	ที่เหลาดินสอ	thêe lǎo din-sǒr

47. Línguas estrangeiras

língua (f)	ภาษา	phaa-sǎa
estrangeiro	ต่างชาติ	dtàang châat
língua (f) estrangeira	ภาษาต่างชาติ	phaa-sǎa dtàang châat
estudar (vt)	เรียน	rian
aprender (vt)	เรียน	rian
ler (vt)	อ่าน	àan
falar (vi)	พูด	phôot
compreender (vt)	เข้าใจ	khâo jai
escrever (vt)	เขียน	khǐan
rapidamente	รวดเร็ว	rûat reo
devagar	อย่างช้า	yàang cháa
fluentemente	อย่างคล่อง	yàang khlôrng
regras (f pl)	กฎ	gòt
gramática (f)	ไวยากรณ์	wai-yaa-gon
vocabulário (m)	คำศัพท์	kham sàp
fonética (f)	การออกเสียง	gaan òrk sǐang
manual (m) escolar	หนังสือเรียน	nǎng-sěu rian
dicionário (m)	พจนานุกรม	phót-jà-naa-nú-grom
manual (m)	หนังสือแบบเรียน	nǎng-sěu bàep rian
de autoaprendizagem	ด้วยตนเอง	dûay dton ayng
guia (m) de conversação	เฟรสบุก	frayt bùk
cassete (f)	เทปคาสเซ็ตต์	thâyp khaas-sét
vídeo cassete (m)	วิดีโอ	wí-dee-oh
CD (m)	CD	see-dee
DVD (m)	DVD	dee-wee-dee
alfabeto (m)	ตัวอักษร	dtua àk-sǒn
soletrar (vt)	สะกด	sà-gòt
pronúncia (f)	การออกเสียง	gaan òrk sǐang

sotaque (m)	สำเนียง	săm-niang
com sotaque	มีสำเนียง	mee săm-niang
sem sotaque	ไม่มีสำเนียง	mâi mee săm-niang

palavra (f)	คำ	kham
sentido (m)	ความหมาย	khwaam măai

cursos (m pl)	หลักสูตร	làk sòot
inscrever-se (vr)	สมัคร	sà-màk
professor (m)	อาจารย์	aa-jaan

tradução (processo)	การแปล	gaan bplae
tradução (texto)	คำแปล	kham bplae
tradutor (m)	นักแปล	nák bplae
intérprete (m)	ลาม	lâam

poliglota (m)	ผู้รู้หลายภาษา	phôo róo lăai paa-săa
memória (f)	ความทรงจำ	khwaam song jam

REFEIÇÕES. RESTAURANTE

48. Por a mesa

colher (f)	ช้อน	chórn
faca (f)	มีด	mêet
garfo (m)	สอม	sôrm
chávena (f)	แก้ว	gâew
prato (m)	จาน	jaan
pires (m)	จานรอง	jaan rorng
guardanapo (m)	ผ้าเช็ดปาก	phâa chét bpàak
palito (m)	ไม้จิ้มฟัน	máai jîm fan

49. Restaurante

restaurante (m)	ร้านอาหาร	ráan aa-hǎan
café (m)	ร้านกาแฟ	ráan gaa-fae
bar (m), cervejaria (f)	ร้านเหล้า	ráan lâo
salão (m) de chá	รานน้ำชา	ráan nám chaa
empregado (m) de mesa	คนเสิร์ฟชาย	khon sèrf chaai
empregada (f) de mesa	คนเสิร์ฟหญิง	khon sèrf yǐng
barman (m)	บาร์เทนเดอร	baa-thayn-dêr
ementa (f)	เมนู	may-noo
lista (f) de vinhos	รายการไวน์	raai gaan wai
reservar uma mesa	จองโต๊ะ	jorng dtó
prato (m)	มื้ออาหาร	méu aa-hǎan
pedir (vt)	สั่ง	sàng
fazer o pedido	สั่งอาหาร	sàng aa-hǎan
aperitivo (m)	เครื่องดื่มเหล้า กอนอาหาร	khrêuang dèum lâo gòrn aa-hǎan
entrada (f)	ของกินเล่น	khǒrng gin lâyn
sobremesa (f)	ของหวาน	khǒrng wǎan
conta (f)	คิดเงิน	khít ngern
pagar a conta	จวยคาอาหาร	jàai khâa aa hǎan
dar o troco	ใหเงินทอน	hâi ngern thorn
gorjeta (f)	เงินทิป	ngern thíp

50. Refeições

comida (f)	อาหาร	aa-hǎan
comer (vt)	กิน	gin

pequeno-almoço (m)	อาหารเช้า	aa-hǎan cháo
tomar o pequeno-almoço	ทานอาหารเช้า	thaan aa-hǎan cháo
almoço (m)	ข้าวเที่ยง	khâao thîang
almoçar (vi)	ทานอาหารเที่ยง	thaan aa-hǎan thîang
jantar (m)	อาหารเย็น	aa-hǎan yen
jantar (vi)	ทานอาหารเย็น	thaan aa-hǎan yen
apetite (m)	ความอยากอาหาร	kwaam yàak aa hǎan
Bom apetite!	กินให้อร่อย!	gin hâi a-ròi
abrir (~ uma lata, etc.)	เปิด	bpèrt
derramar (vt)	ทำหก	tham hòk
derramar-se (vr)	ทำหกออกมา	tham hòk òrk maa
ferver (vi)	ตุ๋ม	dtôm
ferver (vt)	ตุ๋ม	dtôm
fervido	ต๋ม	dtôm
arrefecer (vt)	แช่เย็น	châe yen
arrefecer-se (vr)	แช่เย็น	châe yen
sabor, gosto (m)	รสชาติ	rót châat
gostinho (m)	รส	rót
fazer dieta	ลดน้ำหนัก	lót nám nàk
dieta (f)	อาหารพิเศษ	aa-hǎan phí-sàyt
vitamina (f)	วิตามิน	wí-dtaa-min
caloria (f)	แคลอรี่	khae-lor-rêe
vegetariano (m)	คนกินเจ	khon gin jay
vegetariano	มังสวิรัติ	mang-sà-wí-rát
gorduras (f pl)	ไขมัน	khǎi man
proteínas (f pl)	โปรตีน	bproh-dteen
carboidratos (m pl)	คาร์โบไฮเดรต	kaa-boh-hai-dràyt
fatia (~ de limão, etc.)	แผ่น	phàen
pedaço (~ de bolo)	ชิ้น	chín
migalha (f)	เศษ	sàyt

51. Pratos cozinhados

prato (m)	มื้ออาหาร	méu aa-hǎan
cozinha (~ portuguesa)	อาหาร	aa-hǎan
receita (f)	ตำราอาหาร	dtam-raa aa-hǎan
porção (f)	ส่วน	sùan
salada (f)	สลัด	sà-làt
sopa (f)	ซุป	súp
caldo (m)	ซุปน้ำใส	súp nám-sǎi
sandes (f)	แซนด์วิช	saen-wít
ovos (m pl) estrelados	ไข่ทอด	khài thôrt
hambúrguer (m)	แฮมเบอร์เกอร์	haem-ber-gêr
bife (m)	สเต็กเนื้อ	sà-dtèk néua

conduto (m)	เครื่องเคียง	khrêuang khiang
espaguete (m)	สปาเก็ตตี้	sà-bpaa-gèt-dtêe
puré (m) de batata	มันฝรั่งบด	man fà-ràng bòt
pizza (f)	พิซซ่า	phít-sâa
papa (f)	ข้าวต้ม	khâao-dtôm
omelete (f)	ไข่เจียว	khài jieow

cozido em água	ต้ม	dtôm
fumado	รมควัน	rom khwan
frito	ทอด	thôrt
seco	ตากแห้ง	dtàak hâeng
congelado	แช่แข็ง	châe khǎeng
em conserva	ดอง	dorng

doce (açucarado)	หวาน	wǎan
salgado	เค็ม	khem
frio	เย็น	yen
quente	ร้อน	rórn
amargo	ขม	khǒm
gostoso	อร่อย	à-ròi

cozinhar (em água a ferver)	ต้ม	dtôm
fazer, preparar (vt)	ทำอาหาร	tham aa-hǎan
fritar (vt)	ทอด	thôrt
aquecer (vt)	อุ่น	ùn

salgar (vt)	ใส่เกลือ	sài gleua
apimentar (vt)	ใส่พริกไทย	sài phrík thai
ralar (vt)	ขูด	khòot
casca (f)	เปลือก	bplèuak
descascar (vt)	ปอกเปลือก	bpòrk bplêuak

52. Comida

carne (f)	เนื้อ	néua
galinha (f)	ไก่	gài
frango (m)	เนื้อลูกไก่	néua lôok gài
pato (m)	เป็ด	bpèt
ganso (m)	ห่าน	hàan
caça (f)	สัตว์ที่ล่า	sàt thêe lâa
peru (m)	ไก่งวง	gài nguang

carne (f) de porco	เนื้อหมู	néua mǒo
carne (f) de vitela	เนื้อลูกวัว	néua lôok wua
carne (f) de carneiro	เนื้อแกะ	néua gàe
carne (f) de vaca	เนื้อวัว	néua wua
carne (f) de coelho	เนื้อกระต่าย	néua grà-dtàai

chouriço, salsichão (m)	ไส้กรอก	sâi gròrk
salsicha (f)	ไสกรอกเวียนนา	sâi gròrk wian-naa
bacon (m)	หมูเบคอน	mǒo bay-khorn
fiambre (f)	แฮม	haem
presunto (m)	แฮมแกมมอน	haem gaem-morn
patê (m)	ปาเต	bpaa dtay

fígado (m)	ตับ	dtàp
carne (f) moída	เนื้อสับ	néua sàp
língua (f)	ลิ้น	lín

ovo (m)	ไข่	khài
ovos (m pl)	ไข่	khài
clara (f) do ovo	ไข่ขาว	khài khǎo
gema (f) do ovo	ไข่แดง	khài daeng

peixe (m)	ปลา	bplaa
marisco (m)	อาหารทะเล	aa hǎan thá-lay
crustáceos (m pl)	สัตว์พวกกุ้งกั้งปู	sàt phûak gûng gâng bpoo
caviar (m)	ไข่ปลา	khài-bplaa

caranguejo (m)	ปู	bpoo
camarão (m)	กุ้ง	gûng
ostra (f)	หอยนางรม	hǒi naang rom
lagosta (f)	กุ้งมังกร	gûng mang-gon
polvo (m)	ปลาหมึก	bplaa mèuk
lula (f)	ปลาหมึกกล้วย	bplaa mèuk-glûay

esturjão (m)	ปลาสเตอร์เจียน	bpláa sà-dtêr jian
salmão (m)	ปลาแซลมอน	bplaa saen-morn
halibute (m)	ปลาตาเดียว	bplaa dtaa-dieow

bacalhau (m)	ปลาค็อด	bplaa khót
cavala, sarda (f)	ปลาแม็คเคอเร็ล	bplaa máek-kay-a-rěn
atum (m)	ปลาทูน่า	bplaa thoo-nâa
enguia (f)	ปลาไหล	bplaa lǎi

truta (f)	ปลาเทราท์	bplaa thrau
sardinha (f)	ปลาซาร์ดีน	bplaa saa-deen
lúcio (m)	ปลาไพค์	bplaa phai
arenque (m)	ปลาเฮอร์ริง	bplaa her-ring

pão (m)	ขนมปัง	khà-nǒm bpang
queijo (m)	เนยแข็ง	noie khǎeng
açúcar (m)	น้ำตาล	nám dtaan
sal (m)	เกลือ	gleua

arroz (m)	ข้าว	khâao
massas (f pl)	พาสต้า	phâat-dtâa
talharim (m)	ก๋วยเตี๋ยว	gǔay-dtǐeow

manteiga (f)	เนย	noie
óleo (m) vegetal	น้ำมันพืช	nám man phêut
óleo (m) de girassol	น้ำมันดอกทานตะวัน	nám man dòrk thaan dtà-wan
margarina (f)	เนยเทียม	noie thiam

| azeitonas (f pl) | มะกอก | má-gòrk |
| azeite (m) | น้ำมันมะกอก | nám man má-gòrk |

leite (m)	นม	nom
leite (m) condensado	นมข้น	nom khôn
iogurte (m)	โยเกิร์ต	yoh-gèrt
nata (f)	ซาวร์ครีม	saao khreem

nata (f) do leite	ครีม	khreem
maionese (f)	มายองเนส	maa-yorng-nâyt
creme (m)	สวนผสมของเนย และน้ำตาล	sùan phà-sŏm khŏrng noie láe nám dtaan

grãos (m pl) de cereais	เมล็ดธัญพืช	má-lét than-yá-phêut
farinha (f)	แป้ง	bpâeng
enlatados (m pl)	อาหารกระป๋อง	aa-hăan grà-bpŏrng

flocos (m pl) de milho	ดูอร์นเฟลค	khorn-flâyk
mel (m)	น้ำผึ้ง	nám phêung
doce (m)	แยม	yaem
pastilha (f) elástica	หมากฝรั่ง	màak fà-ràng

53. Bebidas

água (f)	น้ำ	nám
água (f) potável	น้ำดื่ม	nám dèum
água (f) mineral	น้ำแร่	nám râe

sem gás	ไม่มีฟอง	mâi mee forng
gaseificada	น้ำอัดลม	nám àt lom
com gás	มีฟอง	mee forng
gelo (m)	น้ำแข็ง	nám khăeng
com gelo	ใส่น้ำแข็ง	sài nám khăeng

sem álcool	ไม่มีแอลกอฮอล์	mâi mee aen-gor-hor
bebida (f) sem álcool	เครื่องดื่มที่ไม่มีแอลกอฮอล	krêuang dèum têe mâi mee aen-gor-hor
refresco (m)	เครื่องดื่มให้ความสดชื่น	khrêuang dèum hâi khwaam sòt chêun
limonada (f)	น้ำเลมอนเนด	nám lay-morn-nâyt

bebidas (f pl) alcoólicas	เหล้า	lău
vinho (m)	ไวน์	wai
vinho (m) branco	ไวน์ขาว	wai khăo
vinho (m) tinto	ไวน์แดง	wai daeng

licor (m)	สุรา	sù-raa
champanhe (m)	แชมเปญ	chaem-bpayn
vermute (m)	เหล้าองุ่นขาวซึ่งมีกลิ่นหอม	lâo a-ngùn khăao sêung mee glìn hŏrm

uísque (m)	เหล้าวิสกี้	lău wít-sa -gêe
vodka (f)	เหล้าวอดก้า	lău wórt-gâa
gim (m)	เหล้ายิน	lău yin
conhaque (m)	เหล้าคอนยัก	lău khorn yák
rum (m)	เหล้ารัม	lău ram

café (m)	กาแฟ	gaa-fae
café (m) puro	กาแฟดำ	gaa-fae dam
café (m) com leite	กาแฟใส่นม	gaa-fae sài nom
cappuccino (m)	กาแฟคาปูชิโน	gaa-fae khaa bpoo chí noh
café (m) solúvel	กาแฟสำเร็จรูป	gaa-fae săm-rèt rôop

leite (m)	นม	nom
coquetel (m)	ค็อกเทล	khók-tayn
batido (m) de leite	มิลค์เชค	min-châyk

sumo (m)	น้ำผลไม้	nám phŏn-lá-máai
sumo (m) de tomate	น้ำมะเขือเทศ	nám má-khĕua thâyt
sumo (m) de laranja	น้ำส้ม	nám sôm
sumo (m) fresco	น้ำผลไม้คั้นสด	nám phŏn-lá-máai khán sòt

cerveja (f)	เบียร์	bia
cerveja (f) clara	เบียร์ไลท์	bia lai
cerveja (f) preta	เบียร์ดาร์ค	bia dàak

chá (m)	ชา	chaa
chá (m) preto	ชาดำ	chaa dam
chá (m) verde	ชาเขียว	chaa khĭeow

54. Vegetais

legumes (m pl)	ผัก	phàk
verduras (f pl)	ผักใบเขียว	phàk bai khĭeow

tomate (m)	มะเขือเทศ	má-khĕua thâyt
pepino (m)	แตงกวา	dtaeng-gwaa
cenoura (f)	แครอท	khae-rót
batata (f)	มันฝรั่ง	man fà-ràng
cebola (f)	หัวหอม	hŭa hŏrm
alho (m)	กระเทียม	grà-thiam

couve (f)	กะหล่ำปลี	gà-làm bplee
couve-flor (f)	ดอกกะหล่ำ	dòrk gà-làm
couve-de-bruxelas (f)	กะหล่ำดาว	gà-làm-daao
brócolos (m pl)	บร็อคโคลี่	bròrk-khoh-lêe
beterraba (f)	บีทรูท	bee-trôot
beringela (f)	มะเขือยาว	má-khĕua-yaao
curgete (f)	แตงซูคินี	dtaeng soo-khí-nee
abóbora (f)	ฟักทอง	fák-thorng
nabo (m)	หัวผักกาด	hŭa-phàk-gàat

salsa (f)	ผักชีฝรั่ง	phàk chee fà-ràng
funcho, endro (m)	ผักชีลาว	phàk-chee-laao
alface (f)	ผักกาดหอม	phàk gàat hŏrm
aipo (m)	คื่นช่าย	khêun-châai
espargo (m)	หน่อไม้ฝรั่ง	nòr máai fà-ràng
espinafre (m)	ผักขม	phàk khŏm

ervilha (f)	ถั่วลันเตา	thùa-lan-dtao
fava (f)	ถั่ว	thùa
milho (m)	ข้าวโพด	khâao-phôht
feijão (m)	ถั่วรูปไต	thùa rôop dtai

pimentão (m)	พริกหยวก	phrík-yùak
rabanete (m)	หัวไชเท้า	hŭa chai tháo
alcachofra (f)	อาร์ติโชค	aa dtì chôhk

55. Frutos. Nozes

fruta (f)	ผลไม้	phŏn-lá-máai
maçã (f)	แอปเปิ้ล	àep-bpêrn
pera (f)	แพร	phae
limão (m)	มะนาว	má-naao
laranja (f)	ส้ม	sôm
morango (m)	สตรอว์เบอร์รี่	sà-dtror-ber-rêe
tangerina (f)	ส้มแมนดาริน	sôm maen daa rin
ameixa (f)	พลัม	phlam
pêssego (m)	ลูกทอ	lôok thór
damasco (m)	แอปริคอท	ae-bprì-khôrt
framboesa (f)	ราสเบอร์รี่	râat-ber-rêe
ananás (m)	สับปะรด	sàp-bpà-rót
banana (f)	กล้วย	glûay
melancia (f)	แตงโม	dtaeng moh
uva (f)	องุ่น	a-ngùn
ginja (f)	เชอร์รี่	cher-rêe
cereja (f)	เชอร์รี่ป่า	cher-rêe bpàa
meloa (f)	เมลอน	may-lorn
toranja (f)	ส้มโอ	sôm oh
abacate (m)	อะโวคาโด	a-who-khaa-doh
papaia (f)	มะละกอ	má-lá-gor
manga (f)	มะม่วง	má-mûang
romã (f)	ทับทิม	tháp-thim
groselha (f) vermelha	เรดเคอร์แรนท์	râyt-khêr-raen
groselha (f) preta	แบล็คเคอร์แรนท์	blàek khêr-raen
groselha (f) espinhosa	กูสเบอร์รี่	gòot-ber-rêe
mirtilo (m)	บิลเบอร์รี่	bil-ber-rêe
amora silvestre (f)	แบล็คเบอร์รี่	blàek ber-rêe
uvas (f pl) passas	ลูกเกด	lôok gàyt
figo (m)	มะเดื่อฝรั่ง	má dèua fà-ràng
tâmara (f)	ลูกอินทผลัม	lôok in-thá-plăm
amendoim (m)	ถั่วลิสง	thùa-lí-sŏng
amêndoa (f)	อัลมอนด์	an-morn
noz (f)	วอลนัต	wor-lá-nát
avelã (f)	เฮเซลนัท	hay sayn nát
coco (m)	มะพร้าว	má-phráao
pistáchios (m pl)	ถั่วพิสตาชิโอ	thùa phít dtaa chí oh

56. Pão. Bolaria

pastelaria (f)	ขนม	khà-nŏm
pão (m)	ขนมปัง	khà-nŏm bpang
bolacha (f)	คุกกี้	khúk-gêe
chocolate (m)	ช็อกโกแลต	chók-goh-láet
de chocolate	ช็อกโกแลต	chók-goh-láet

rebuçado (m)	ลูกกวาด	lôok gwàat
bolo (cupcake, etc.)	ขนมเค้ก	khà-nŏm kháyk
bolo (m) de aniversário	ขนมเค้ก	khà-nŏm kháyk

| tarte (~ de maçã) | ขนมพาย | khà-nŏm phaai |
| recheio (m) | ไส้ในขนม | sâi nai khà-nŏm |

doce (m)	แยม	yaem
geleia (f) de frutas	แยมผิวส้ม	yaem phĭw sôm
waffle (m)	วาฟเฟิล	waaf-fern
gelado (m)	ไอศกรีม	ai-sà-greem
pudim (m)	พุดดิ้ง	phút-dîng

57. Especiarias

sal (m)	เกลือ	gleua
salgado	เค็ม	khem
salgar (vt)	ใส่เกลือ	sài gleua

pimenta (f) preta	พริกไทย	phrík thai
pimenta (f) vermelha	พริกแดง	phrík daeng
mostarda (f)	มัสตาร์ด	mát-dtàat
raiz-forte (f)	ฮอสแรดิช	hórt rae dìt

condimento (m)	เครื่องปรุงรส	khrêuang bprung rót
especiaria (f)	เครื่องเทศ	khrêuang thâyt
molho (m)	ซุอส	sós
vinagre (m)	น้ำส้มสายชู	nám sôm săai choo

anis (m)	เทียนสัตตบุษย์	thian-sàt-dtà-bùt
manjericão (m)	ใบโหระพา	bai hŏh rá phaa
cravo (m)	กานพลู	gaan-phloo
gengibre (m)	ขิง	khĭng
coentro (m)	ผักชีลา	pàk-chee-laa
canela (f)	อบเชย	òp-choie

sésamo (m)	งา	ngaa
folhas (f pl) de louro	ใบกระวาน	bai grà-waan
páprica (f)	พริกป่น	phrík bpòn
cominho (m)	เทียนตากบ	thian dtaa gòp
açafrão (m)	หญ้าฝรั่น	yâa fà-ràn

INFORMAÇÃO PESSOAL. FAMÍLIA

58. Informação pessoal. Formulários

nome (m)	ชื่อ	chêu
apelido (m)	นามสกุล	naam sà-gun
data (f) de nascimento	วันเกิด	wan gèrt
local (m) de nascimento	สถานที่เกิด	sà-thăan thêe gèrt
nacionalidade (f)	สัญชาติ	săn-châat
lugar (m) de residência	ที่อยู่อาศัย	thêe yòo aa-săi
país (m)	ประเทศ	bprà-thâyt
profissão (f)	อาชีพ	aa-chêep
sexo (m)	เพศ	phâyt
estatura (f)	ความสูง	khwaam sŏong
peso (m)	น้ำหนัก	nám nàk

59. Membros da família. Parentes

mãe (f)	มารดา	maan-daa
pai (m)	บิดา	bì-daa
filho (m)	ลูกชาย	lôok chaai
filha (f)	ลูกสาว	lôok săao
filha (f) mais nova	ลูกสาวคนเล็ก	lôok săao khon lék
filho (m) mais novo	ลูกชายคนเล็ก	lôok chaai khon lék
filha (f) mais velha	ลูกสาวคนโต	lôok săao khon dtoh
filho (m) mais velho	ลูกชายคนโต	lôok chaai khon dtoh
irmão (m) mais velho	พี่ชาย	phêe chaai
irmão (m) mais novo	น้องชาย	nórng chaai
irmã (f) mais velha	พี่สาว	phêe săao
irmã (f) mais nova	น้องสาว	nórng săao
primo (m)	ลูกพี่ลูกน้อง	lôok phêe lôok nórng
prima (f)	ลูกพี่ลูกน้อง	lôok phêe lôok nórng
mamã (f)	แม่	mâe
papá (m)	พ่อ	phôr
pais (pl)	พ่อแม่	phôr mâe
criança (f)	เด็ก, ลูก	dèk, lôok
crianças (f pl)	เด็กๆ	dèk dèk
avó (f)	ย่า, ยาย	yâa, yaai
avô (m)	ปู่, ตา	bpòo, dtaa
neto (m)	หลานชาย	lăan chaai
neta (f)	หลานสาว	lăan săao

netos (pl)	หลานๆ	lăan
tio (m)	ลุง	lung
tia (f)	ป้า	bpâa
sobrinho (m)	หลานชาย	lăan chaai
sobrinha (f)	หลานสาว	lăan săao

sogra (f)	แม่ยาย	mâe yaai
sogro (m)	พ่อสามี	phôr săa-mee
genro (m)	ลูกเขย	lôok khŏie
madrasta (f)	แม่เลี้ยง	mâe líang
padrasto (m)	พ่อเลี้ยง	phôr líang

criança (f) de colo	ทารก	thaa-rók
bebé (m)	เด็กเล็ก	dèk lék
menino (m)	เด็ก	dèk

mulher (f)	ภรรยา	phan-rá-yaa
marido (m)	สามี	săa-mee
esposo (m)	สามี	săa-mee
esposa (f)	ภรรยา	phan-rá-yaa

casado	แต่งงานแล้ว	dtàeng ngaan láew
casada	แต่งงานแล้ว	dtàeng ngaan láew
solteiro	เป็นโสด	bpen sòht
solteirão (m)	ชายโสด	chaai sòht
divorciado	หย่าแล้ว	yàa láew
viúva (f)	แม่หม้าย	mâe mâai
viúvo (m)	พ่อหม้าย	phôr mâai

parente (m)	ญาติ	yâat
parente (m) próximo	ญาติใกล้ชิด	yâat glâi chít
parente (m) distante	ญาติห่างๆ	yâat hàang hàang
parentes (m pl)	ญาติๆ	yâat

órfão (m)	เด็กชายกำพร้า	dèk chaai gam phráa
órfã (f)	เด็กหญิงกำพรา	dèk yĭng gam phráa
tutor (m)	ผู้ปกครอง	phôo bpòk khrorng
adotar (um filho)	บุญธรรม	bun tham
adotar (uma filha)	บุญธรรม	bun tham

60. Amigos. Colegas de trabalho

amigo (m)	เพื่อน	phêuan
amiga (f)	เพื่อน	phêuan
amizade (f)	มิตรภาพ	mít-dtrà-phâap
ser amigos	เป็นเพื่อน	bpen phêuan

amigo (m)	เพื่อนสนิท	phêuan sà-nìt
amiga (f)	เพื่อนสนิท	phêuan sà-nìt
parceiro (m)	หุ้นส่วน	hûn sùan

chefe (m)	หัวหน้า	hŭa-nâa
superior (m)	ผู้บังคับบัญชา	phôo bang-kháp ban-chaa
proprietário (m)	เจ้าของ	jâo khŏrng

| subordinado (m) | ลูกน้อง | lôok nórng |
| colega (m) | เพื่อนรวมงาน | phêuan rûam ngaan |

conhecido (m)	ผู้คุ้นเคย	phôo khún khoie
companheiro (m) de viagem	เพื่อนรวมทาง	pêuan rûam thaang
colega (m) de classe	เพื่อนรุ่น	phêuan rûn

vizinho (m)	เพื่อนบ้านผู้ชาย	phêuan bâan pôo chaai
vizinha (f)	เพื่อนบ้านผู้หญิง	phêuan bâan phôo yǐng
vizinhos (pl)	เพื่อนบ้าน	phêuan bâan

CORPO HUMANO. MEDICINA

61. Cabeça

cabeça (f)	หัว	hŭa
cara (f)	หน้า	nâa
nariz (m)	จมูก	jà-mòok
boca (f)	ปาก	bpàak
olho (m)	ตา	dtaa
olhos (m pl)	ตา	dtaa
pupila (f)	รูม่านตา	roo mâan dtaa
sobrancelha (f)	คิ้ว	khíw
pestana (f)	ขนตา	khŏn dtaa
pálpebra (f)	เปลือกตา	bplèuak dtaa
língua (f)	ลิ้น	lín
dente (m)	ฟัน	fan
lábios (m pl)	ริมฝีปาก	rim fĕe bpàak
maçãs (f pl) do rosto	โหนกแก้ม	nòhk gâem
gengiva (f)	เหงือก	ngèuak
paladar (m)	เพดานปาก	phay-daan bpàak
narinas (f pl)	รูจมูก	roo jà-mòok
queixo (m)	คาง	khaang
mandíbula (f)	ขากรรไกร	khăa gan-grai
bochecha (f)	แก้ม	gâem
testa (f)	หน้าผาก	nâa phàak
têmpora (f)	ขมับ	khà-màp
orelha (f)	หู	hŏo
nuca (f)	หลังศีรษะ	lăng sĕe-sà
pescoço (m)	คอ	khor
garganta (f)	ลำคอ	lam khor
cabelos (m pl)	ผม	phŏm
penteado (m)	ทรงผม	song phŏm
corte (m) de cabelo	ทรงผม	song phŏm
peruca (f)	ผมปลอม	phŏm bplorm
bigode (m)	หนวด	nùat
barba (f)	เครา	krao
usar, ter (~ barba, etc.)	ลองไว้	lorng wái
trança (f)	ผมเปีย	phŏm bpia
suíças (f pl)	จอน	jorn
ruivo	ผมแดง	phŏm daeng
grisalho	ผมหงอก	phŏm ngòrk
calvo	หัวล้าน	hŭa láan
calva (f)	หัวล้าน	hŭa láan

rabo-de-cavalo (m)	ผมทรงหางม้า	phŏm song hăang máa
franja (f)	ผมม้า	phŏm máa

62. Corpo humano

mão (f)	มือ	meu
braço (m)	แขน	khăen

dedo (m)	นิ้ว	níw
dedo (m) do pé	นิ้วเท้า	níw tháo
polegar (m)	นิ้วโป้ง	níw bpôhng
dedo (m) mindinho	นิ้วก้อย	níw gôi
unha (f)	เล็บ	lép

punho (m)	กำปั้น	gam bpân
palma (f) da mão	ฝ่ามือ	fàa meu
pulso (m)	ข้อมือ	khôr meu
antebraço (m)	แขนช่วงล่าง	khăen chûang lâang
cotovelo (m)	ข้อศอก	khôr sòrk
ombro (m)	ไหล่	lài

perna (f)	ขา	khăa
pé (m)	เท้า	tháo
joelho (m)	หัวเข่า	hŭa khào
barriga (f) da perna	น่อง	nôrng
anca (f)	สะโพก	sà-phôhk
calcanhar (m)	ส้นเท้า	sôn tháo

corpo (m)	ร่างกาย	râang gaai
barriga (f)	ท้อง	thórng
peito (m)	อก	òk
seio (m)	หน้าอก	nâa òk
lado (m)	ข้าง	khâang
costas (f pl)	หลัง	lăng
região (f) lombar	หลังส่วนล่าง	lăng sùan lâang
cintura (f)	เอว	eo

umbigo (m)	สะดือ	sà-deu
nádegas (f pl)	ก้น	gôn
traseiro (m)	ก้น	gôn

sinal (m)	ไฝเสน่ห์	făi sà-này
sinal (m) de nascença	ปาน	bpaan
tatuagem (f)	รอยสัก	roi sàk
cicatriz (f)	แผลเป็น	phlăe bpen

63. Doenças

doença (f)	โรค	rôhk
estar doente	ป่วย	bpùay
saúde (f)	สุขภาพ	sùk-khà-phâap
nariz (m) a escorrer	น้ำมูกไหล	nám môok lăi

amigdalite (f)	ต่อมทอนซิลอักเสบ	dtòm thorn-sin àk-sàyp
constipação (f)	หวัด	wàt
constipar-se (vr)	เป็นหวัด	bpen wàt
bronquite (f)	โรคหลอดลมอักเสบ	rôhk lòrt lom àk-sàyp
pneumonia (f)	โรคปอดบวม	rôhk bpòrt-buam
gripe (f)	ไข้หวัดใหญ่	khâi wàt yài
míope	สายตาสั้น	săai dtaa sân
presbita	สายตายาว	săai dtaa yaao
estrabismo (m)	ตาเหล่	dtaa lày
estrábico	เป็นตาเหล่	bpen dtaa kăy rĕu lày
catarata (f)	ต้อกระจก	dtôr grà-jòk
glaucoma (m)	ต้อหิน	dtôr hĭn
AVC (m), apoplexia (f)	โรคหลอดเลือดสมอง	rôhk lòrt lêuat sà-mŏrng
ataque (m) cardíaco	อาการหัวใจวาย	aa-gaan hŭa jai waai
enfarte (m) do miocárdio	กล้ามเนื้อหัวใจตาย	glâam néua hŭa jai dtaai
	เหตุขาดเลือด	hàyt khàat lêuat
paralisia (f)	อัมพาต	am-má-phâat
paralisar (vt)	ทำให้เป็นอัมพาต	tham hâi bpen am-má-phâat
alergia (f)	ภูมิแพ้	phoom pháe
asma (f)	โรคหืด	rôhk hèut
diabetes (f)	โรคเบาหวาน	rôhk bao wăan
dor (f) de dentes	อาการปวดฟัน	aa-gaan bpùat fan
cárie (f)	ฟันผุ	fan phù
diarreia (f)	อาการท้องเสีย	aa-gaan thórng sĭa
prisão (f) de ventre	อาการท้องผูก	aa-gaan thórng phòok
desarranjo (m) intestinal	อาการปวดท้อง	aa-gaan bpùat thórng
intoxicação (f) alimentar	ภาวะอาหารเป็นพิษ	phaa-wá aa hăan bpen pít
intoxicar-se	กินอาหารเป็นพิษ	gin aa hăan bpen phít
artrite (f)	โรคข้ออักเสบ	rôhk khôr àk-sàyp
raquitismo (m)	โรคกระดูกอ่อน	rôhk grà-dòok òrn
reumatismo (m)	โรครูมาติก	rôhk roo-maa-dtìk
arteriosclerose (f)	ภาวะหลอดเลือดแข็ง	phaa-wá lòrt lêuat khăeng
gastrite (f)	โรคกระเพาะอาหาร	rôhk grà-phór aa-hăan
apendicite (f)	ไส้ติ่งอักเสบ	sâi dtìng àk-sàyp
colecistite (f)	โรคถุงน้ำดีอักเสบ	rôhk thŭng nám dee àk-sàyp
úlcera (f)	แผลเปื่อย	phlăe bpèuay
sarampo (m)	โรคหัด	rôhk hàt
rubéola (f)	โรคหัดเยอรมัน	rôhk hàt yer-rá-man
iterícia (f)	โรคดีซ่าน	rôhk dee sâan
hepatite (f)	โรคตับอักเสบ	rôhk dtàp àk-sàyp
esquizofrenia (f)	โรคจิตเภท	rôhk jìt-dtà-phâyt
raiva (f)	โรคพิษสุนัขบ้า	rôhk phít sù-nák bâa
neurose (f)	โรคประสาท	rôhk bprà-sàat
comoção (f) cerebral	สมองกระทบ	sà-mŏrng grà-thóp
	กระเทือน	grà-theuan
cancro (m)	มะเร็ง	má-reng

esclerose (f)	กาวแข็งตัวของ เนื้อเยื่อรางกาย	gaan kǎeng dtua kǒng néua yêua râang gaai
esclerose (f) múltipla	โรคปลอกประสาท เสื่อมแข็ง	rôhk bplòk bprà-sàat sèuam kǎeng

alcoolismo (m)	โรคพิษสุราเรื้อรัง	rôhk phít sù-raa réua rang
alcoólico (m)	คนขี้เหลา	khon khêe lâo
sífilis (f)	โรคซิฟิลิส	rôhk sí-fí-lít
SIDA (f)	โรคเอดส	rôhk àyt

tumor (m)	เนื้องอก	néua ngôk
maligno	ราย	ráai
benigno	ไมราย	mâi ráai

febre (f)	ไข	khâi
malária (f)	ไขมาลาเรีย	kâi maa-laa-ria
gangrena (f)	เนื้อตายเนา	néua dtaai nâo
enjoo (m)	ภาวะเมาคลื่น	phaa-wá mao khlêun
epilepsia (f)	โรคลมบาหมู	rôhk lom bâa-mǒo

epidemia (f)	โรคระบาด	rôhk rá-bàat
tifo (m)	โรครากสาดใหญ	rôhk râak-sàat yài
tuberculose (f)	วัณโรค	wan-ná-rôhk
cólera (f)	อหิวาตกโรค	a-hì-wâat-gà-rôhk
peste (f)	กาฬโรค	gaan-lá-rôhk

64. Simtomas. Tratamentos. Parte 1

sintoma (m)	อาการ	aa-gaan
temperatura (f)	อุณหภูมิ	un-hà-phoom
febre (f)	อุณหภูมิสูง	un-hà-phoom sǒong
pulso (m)	ชีพจร	chêep-phá-jon

vertigem (f)	อาการเวียนหัว	aa-gaan wian hǔa
quente (testa, etc.)	รอน	rórn
calafrio (m)	หนาวสั่น	nǎao sàn
pálido	หนาเขียว	nâa sieow

tosse (f)	การไอ	gaan ai
tossir (vi)	ไอ	ai
espirrar (vi)	จาม	jaam
desmaio (m)	การเปนลม	gaan bpen lom
desmaiar (vi)	เปนลม	bpen lom

nódoa (f) negra	ฟกช้ำ	fók chám
galo (m)	บวม	buam
magoar-se (vr)	ชน	chon
pisadura (f)	รอยฟกช้ำ	roi fók chám
aleijar-se (vr)	ไดรอยช้ำ	dâai roi chám

coxear (vi)	กะโผลกกะเผลก	gà-phlòhk-gà-phlàyk
deslocação (f)	ขอหลุด	khôr lùt
deslocar (vt)	ทำขอหลุด	tham khôr lùt
fratura (f)	กระดูกหัก	grà-dòok hàk

fraturar (vt)	หักกระดูก	hàk grà-dòok
corte (m)	รอยบาด	roi bàat
cortar-se (vr)	ทำบาด	tham bàat
hemorragia (f)	การเลือดไหล	gaan lêuat lǎi
queimadura (f)	แผลไฟไหม้	phlǎe fai mâi
queimar-se (vr)	ได้รับแผลไฟไหม้	dâai ráp phlǎe fai mâi
picar (vt)	ตำ	dtam
picar-se (vr)	ตำตัวเอง	dtam dtua ayng
lesionar (vt)	ทำให้บาดเจ็บ	tham hâi bàat jèp
lesão (m)	การบาดเจ็บ	gaan bàat jèp
ferida (f), ferimento (m)	แผล	phlǎe
trauma (m)	แผลบาดเจ็บ	phlǎe bàat jèp
delirar (vi)	คลุ้มคลั่ง	khlúm khlâng
gaguejar (vi)	พูดตะกุกตะกัก	phôot dtà-gùk-dtà-gàk
insolação (f)	โรคลมแดด	rôhk lom dàet

65. Simtomas. Tratamentos. Parte 2

dor (f)	ความเจ็บปวด	khwaam jèp bpùat
farpa (no dedo)	เสี้ยน	sîan
suor (m)	เหงื่อ	ngèua
suar (vi)	เหงื่อออก	ngèua òrk
vómito (m)	การอาเจียน	gaan aa-jian
convulsões (f pl)	การชัก	gaan chák
grávida	ตั้งครรภ์	dtâng khan
nascer (vi)	เกิด	gèrt
parto (m)	การคลอด	gaan khlôrt
dar à luz	คลอดบุตร	khlôrt bùt
aborto (m)	การแทงบุตร	gaan tháeng bùt
respiração (f)	การหายใจ	gaan hǎai-jai
inspiração (f)	การหายใจเข้า	gaan hǎai-jai khâo
expiração (f)	การหายใจออก	gaan hǎai-jai òrk
expirar (vi)	หายใจออก	hǎai-jai òrk
inspirar (vi)	หายใจเข้า	hǎai-jai khâo
inválido (m)	คนพิการ	khon phí-gaan
aleijado (m)	พิการ	phí-gaan
toxicodependente (m)	ผู้ติดยาเสพติด	phôo dtìt yaa-sàyp-dtìt
surdo	หูหนวก	hǒo nùak
mudo	เป็นใบ	bpen bâi
surdo-mudo	หูหนวกเป็นใบ	hǒo nùak bpen bâi
louco (adj.)	บ้า	bâa
louco (m)	คนบ้า	khon bâa
louca (f)	คนบ้า	khon bâa
ficar louco	เสียสติ	sǐa sà-dtì
gene (m)	ยีน	yeun

imunidade (f)	ภูมิคุ้มกัน	phoom khúm gan
hereditário	เป็นกรรมพันธุ์	bpen gam-má-phan
congénito	แตกำเนิด	dtàe gam-nèrt
vírus (m)	เชื้อไวรัส	chéua wai-rát
micróbio (m)	จุลินทรีย์	jù-lin-see
bactéria (f)	แบคทีเรีย	bàek-tee-ria
infeção (f)	การติดเชื้อ	gaan dtìt chéua

66. Simtomas. Tratamentos. Parte 3

hospital (m)	โรงพยาบาล	rohng phá-yaa-baan
paciente (m)	ผู้ป่วย	phôo bpùay
diagnóstico (m)	การวินิจฉัยโรค	gaan wí-nít-chǎi rôhk
cura (f)	การรักษา	gaan rák-sǎa
tratamento (m) médico	การรักษา ทางการแพทย์	gaan rák-sǎa thaang gaan phâet
curar-se (vr)	รับการรักษา	ráp gaan rák-sǎa
tratar (vt)	รักษา	rák-sǎa
cuidar (pessoa)	รักษา	rák-sǎa
cuidados (m pl)	การดูแลรักษา	gaan doo lae rák-sǎa
operação (f)	การผ่าตัด	gaan phàa dtàt
enfaixar (vt)	พันแผล	phan phlǎe
ligadura (f)	การพันแผล	gaan phan phlǎe
vacinação (f)	การฉีดวัคซีน	gaan chèet wák-seen
vacinar (vt)	ฉีดวัคซีน	chèet wák-seen
injeção (f)	การฉีดยา	gaan chèet yaa
dar uma injeção	ฉีดยา	chèet yaa
ataque (~ de asma, etc.)	มีอาการเฉียบพลัน	mee aa-gaan chìap phlan
amputação (f)	การตัดอวัยวะออก	gaan dtàt a-wai-wá òrk
amputar (vt)	ตัด	dtàt
coma (f)	อาการโคม่า	aa-gaan khoh-mâa
estar em coma	อยู่ในอาการโคม่า	yòo nai aa-gaan khoh-mâa
reanimação (f)	หนวยอภิบาล	nùay à-phí-baan
recuperar-se (vr)	ฟื้นตัว	féun dtua
estado (~ de saúde)	อาการ	aa-gaan
consciência (f)	สติสัมปชัญญะ	sà-dtì sǎm-bpà-chan-yá
memória (f)	ความทรงจำ	khwaam song jam
tirar (vt)	ถอน	thǒrn
chumbo (m), obturação (f)	การอุด	gaan ùt
chumbar, obturar (vt)	อุด	ùt
hipnose (f)	การสะกดจิต	gaan sà-gòt jìt
hipnotizar (vt)	สะกดจิต	sà-gòt jìt

67. Medicina. Drogas. Acessórios

medicamento (m)	ยา	yaa
remédio (m)	ยา	yaa
receitar (vt)	จ่ายยา	jàai yaa
receita (f)	ใบสั่งยา	bai sàng yaa
comprimido (m)	ยาเม็ด	yaa mét
pomada (f)	ยาทา	yaa thaa
ampola (f)	หลอดยา	lòrt yaa
preparado (m)	ยาส่วนผสม	yaa sùan phà-sŏm
xarope (m)	น้ำเชื่อม	nám chêuam
cápsula (f)	ยาเม็ด	yaa mét
remédio (m) em pó	ยาผง	yaa phŏng
ligadura (f)	ผ้าพันแผล	phâa phan phlăe
algodão (m)	สำลี	sǎm-lee
iodo (m)	ไอโอดีน	ai oh-deen
penso (m) rápido	พลาสเตอร์	phláat-dtêr
conta-gotas (f)	ที่หยอดตา	thêe yòrt dtaa
termómetro (m)	ปรอท	bpa -ròrt
seringa (f)	เข็มฉีดยา	khěm chèet-yaa
cadeira (f) de rodas	รถเข็นคนพิการ	rót khěn khon phí-gaan
muletas (f pl)	ไม้ค้ำยัน	máai khám yan
analgésico (m)	ยาแก้ปวด	yaa gâe bpùat
laxante (m)	ยาระบาย	yaa rá-baai
álcool (m) etílico	เอธานอล	ay-thaa-norn
ervas (f pl) medicinais	สมุนไพร ทางการแพทย์	sà-mŭn phrai thaang gaan phâet
de ervas (chá ~)	สมุนไพร	sà-mŭn phrai

APARTAMENTO

68. Apartamento

apartamento (m)	อพาร์ตเมนต์	a-phâat-mayn
quarto (m)	ห้อง	hôrng
quarto (m) de dormir	ห้องนอน	hôrng norn
sala (f) de jantar	ห้องรับประทาน อาหาร	hôrng ráp bprà-thaan aa-hǎan
sala (f) de estar	ห้องนั่งเล่น	hôrng nâng lên
escritório (m)	ห้องทำงาน	hôrng tham ngaan
antessala (f)	ห้องเข้า	hôrng khâo
quarto (m) de banho	ห้องน้ำ	hôrng náam
toilette (lavabo)	ห้องส้วม	hôrng sûam
teto (m)	เพดาน	phay-daan
chão, soalho (m)	พื้น	phéun
canto (m)	มุม	mum

69. Mobiliário. Interior

mobiliário (m)	เครื่องเรือน	khrêuang reuan
mesa (f)	โต๊ะ	dtó
cadeira (f)	เก้าอี้	gâo-êe
cama (f)	เตียง	dtiang
divã (m)	โซฟา	soh-faa
cadeirão (m)	เก้าอี้เท้าแขน	gâo-êe tháo khǎen
estante (f)	ตู้หนังสือ	dtôo nǎng-sěu
prateleira (f)	ชั้นวาง	chán waang
guarda-vestidos (m)	ตู้เสื้อผ้า	dtôo sêua phâa
cabide (m) de parede	ที่แขวนเสื้อ	thêe khwǎen sêua
cabide (m) de pé	ไม้แขวนเสื้อ	mái khwǎen sêua
cómoda (f)	ตู้ลิ้นชัก	dtôo lín chák
mesinha (f) de centro	โต๊ะกาแฟ	dtó gaa-fae
espelho (m)	กระจก	grà-jòk
tapete (m)	พรม	phrom
tapete (m) pequeno	พรมเช็ดเท้า	phrom chét tháo
lareira (f)	เตาผิง	dtao phǐng
vela (f)	เทียน	thian
castiçal (m)	เชิงเทียน	cherng thian
cortinas (f pl)	ผ้าแขวน	phâa khwǎen
papel (m) de parede	วอลเปเปอร์	worn-bpay-bper

estores (f pl)	บานเกล็ดหน้าต่าง	baan glèt nâa dtàang
candeeiro (m) de mesa	โคมไฟตั้งโต๊ะ	khohm fai dtâng dtó
candeeiro (m) de parede	ไฟติดผนัง	fai dtìt phà-năng
candeeiro (m) de pé	โคมไฟตั้งพื้น	khohm fai dtâng phéun
lustre (m)	โคมระย้า	khohm rá-yáa

perna (da cadeira, etc.)	ขา	khăa
braço (m)	ที่พักแขน	thêe phák khăen
costas (f pl)	พนักพิง	phá-nák phing
gaveta (f)	ลิ้นชัก	lín chák

70. Quarto de dormir

roupa (f) de cama	ชุดผ้าปูที่นอน	chút phâa bpoo thêe norn
almofada (f)	หมอน	mŏrn
fronha (f)	ปลอกหมอน	bplòk mŏrn
cobertor (m)	ผ้าห่วย	phâa phŭay
lençol (m)	ผ้าปู	phâa bpoo
colcha (f)	ผ้าคลุมเตียง	phâa khlum dtiang

71. Cozinha

cozinha (f)	ห้องครัว	hôrng khrua
gás (m)	แก๊ส	gáet
fogão (m) a gás	เตาแก๊ส	dtao gàet
fogão (m) elétrico	เตาไฟฟ้า	dtao fai-fáa
forno (m)	เตาอบ	dtao òp
forno (m) de micro-ondas	เตาอบไมโครเวฟ	dtao òp mai-khroh-we p

frigorífico (m)	ตู้เย็น	dtôo yen
congelador (m)	ตู้แช่แข็ง	dtôo châe khăeng
máquina (f) de lavar louça	เครื่องล้างจาน	khrêuang láang jaan

moedor (m) de carne	เครื่องบดเนื้อ	khrêuang bòt néua
espremedor (m)	เครื่องคั้นน้ำผลไม้	khrêuang khán náam phŏn-lá-mái
torradeira (f)	เครื่องปิ้งขนมปัง	khrêuang bpîng khà-nŏm bpang
batedeira (f)	เครื่องปั่น	khrêuang bpàn

máquina (f) de café	เครื่องชงกาแฟ	khrêuang chong gaa-fae
cafeteira (f)	หม้อกาแฟ	môr gaa-fae
moinho (m) de café	เครื่องบดกาแฟ	khrêuang bòt gaa-fae

chaleira (f)	กาน้ำ	gaa náam
bule (m)	กาน้ำชา	gaa náam chaa
tampa (f)	ฝา	făa
coador (f) de chá	ที่กรองชา	thêe grorng chaa

colher (f)	ช้อน	chórn
colher (f) de chá	ช้อนชา	chórn chaa
colher (f) de sopa	ช้อนซุป	chórn súp

| garfo (m) | ส้อม | sôrm |
| faca (f) | มีด | mêet |

louça (f)	ถ้วยชาม	thûay chaam
prato (m)	จาน	jaan
pires (m)	จานรอง	jaan rorng

cálice (m)	แก้วช็อต	gâew chórt
copo (m)	แกว	gâew
chávena (f)	ถวย	thûay

açucareiro (m)	โถน้ำตาล	thǒh náam dtaan
saleiro (m)	กระปุกเกลือ	grà-bpùk gleua
pimenteiro (m)	กระปุกพริกไท	grà-bpùk phrík thai
manteigueira (f)	ที่ใส่เนย	thêe sài noie

panela, caçarola (f)	หม้อต้ม	môr dtôm
frigideira (f)	กระทะ	grà-thá
concha (f)	กระบวย	grà-buay
passador (m)	กระชอน	grà chorn
bandeja (f)	ถาด	thàat

garrafa (f)	ขวด	khùat
boião (m) de vidro	ขวดโหล	khùat lǒh
lata (f)	กระป๋อง	grà-bpǒrng

abre-garrafas (m)	ที่เปิดขวด	thêe bpèrt khùat
abre-latas (m)	ที่เปิดกระป๋อง	thêe bpèrt grà-bpǒrng
saca-rolhas (m)	ที่เปิดจุก	thêe bpèrt jùk
filtro (m)	ที่กรอง	thêe grorng
filtrar (vt)	กรอง	grorng

| lixo (m) | ขยะ | khà-yà |
| balde (m) do lixo | ถังขยะ | thǎng khà-yà |

72. Casa de banho

quarto (m) de banho	ห้องน้ำ	hôrng náam
água (f)	น้ำ	nám
torneira (f)	ก๊อกน้ำ	gòk náam
água (f) quente	น้ำรอน	nám rórn
água (f) fria	น้ำเย็น	nám yen

pasta (f) de dentes	ยาสีฟัน	yaa sěe fan
escovar os dentes	แปรงฟัน	bpraeng fan
escova (f) de dentes	แปรงสีฟัน	bpraeng sěe fan

barbear-se (vr)	โกน	gohn
espuma (f) de barbear	โฟมโกนหนวด	fohm gohn nùat
máquina (f) de barbear	มีดโกน	mêet gohn

lavar (vt)	ล้าง	láang
lavar-se (vr)	อาบ	àap
duche (m)	ฝักบัว	fàk bua

tomar um duche	อาบน้ำฝักบัว	àap náam fàk bua
banheira (f)	อางอาบน้ำ	àang àap náam
sanita (f)	โถชักโครก	thŏh chák khrôhk
lavatório (m)	อางลางหนา	àang láang-nâa

| sabonete (m) | สบู | sà-bòo |
| saboneteira (f) | ที่ใสสบู | thêe sài sà-bòo |

esponja (f)	ฟองน้ำ	forng náam
champô (m)	แชมพู	chaem-phoo
toalha (f)	ผาเช็ดตัว	phâa chét dtua
roupão (m) de banho	เสื้อคลุมอาบน้ำ	sêua khlum àap náam

lavagem (f)	การซักผา	gaan sák phâa
máquina (f) de lavar	เครื่องซักผา	khrêuang sák phâa
lavar a roupa	ซักผา	sák phâa
detergente (m)	ผงซักฟอก	phŏng sák-fôrk

73. Eletrodomésticos

televisor (m)	ทีวี	thee-wee
gravador (m)	เครื่องบันทึกเทป	khrêuang ban-théuk thâyp
videogravador (m)	เครื่องบันทึกวิดีโอ	khrêuang ban-théuk wí-dee-oh
rádio (m)	วิทยุ	wít-thá-yú
leitor (m)	เครื่องเลน	khrêuang lên

projetor (m)	โปรเจ็คเตอร์	bproh-jèk-dtêr
cinema (m) em casa	เครื่องฉายภาพยนตร์ที่บาน	khhrêuang chǎai phâap-phá yon thêe bâan
leitor (m) de DVD	เครื่องเลน DVD	khrêuang lên dee-wee-dee
amplificador (m)	เครื่องขยายเสียง	khrêuang khà-yǎai sǐang
console (f) de jogos	เครื่องเกมคอนโซล	khrêuang gaym khorn sohn

câmara (f) de vídeo	กลองถายวิดีโอ	glôrng thàai wí-dee-oh
máquina (f) fotográfica	กลองถายรูป	glôrng thàai rôop
câmara (f) digital	กลองดิจิตอล	glôrng dì-jì-dton

aspirador (m)	เครื่องดูดฝุน	khrêuang dòot fùn
ferro (m) de engomar	เตารีด	dtao rêet
tábua (f) de engomar	กระดานรองรีด	grà-daan rorng rêet

telefone (m)	โทรศัพท์	thoh-rá-sàp
telemóvel (m)	มือถือ	meu thěu
máquina (f) de escrever	เครื่องพิมพ์ดีด	khrêuang phim dèet
máquina (f) de costura	จักรเย็บผา	jàk yép phâa

microfone (m)	ไมโครโฟน	mai-khroh-fohn
auscultadores (m pl)	หูฟัง	hǒo fang
controlo remoto (m)	รีโมตทีวี	ree môht thee wee

CD (m)	CD	see-dee
cassete (f)	เทป	thâyp
disco (m) de vinil	จานเสียง	jaan sǐang

A TERRA. TEMPO

74. Espaço sideral

cosmos (m)	อวกาศ	a-wá-gàat
cósmico	ทางอวกาศ	thang a-wá-gàat
espaço (m) cósmico	อวกาศ	a-wá-gàat

mundo (m)	โลก	lôhk
universo (m)	จักรวาล	jàk-grà-waan
galáxia (f)	ดาราจักร	daa-raa jàk

estrela (f)	ดาว	daao
constelação (f)	กลุ่มดาว	glùm daao
planeta (m)	ดาวเคราะห์	daao khrór
satélite (m)	ดาวเทียม	daao thiam

meteorito (m)	ดาวตก	daao dtòk
cometa (m)	ดาวหาง	daao hăang
asteroide (m)	ดาวเคราะห์น้อย	daao khrór nói

órbita (f)	วงโคจร	wong khoh-jon
girar (vi)	เวียน	wian
atmosfera (f)	บรรยากาศ	ban-yaa-gàat

Sol (m)	ดวงอาทิตย์	duang aa-thít
Sistema (m) Solar	ระบบสุริยะ	rá-bòp sù-rí-yá
eclipse (m) solar	สุริยุปราคา	sù-rí-yú-bpà-raa-kaa

| Terra (f) | โลก | lôhk |
| Lua (f) | ดวงจันทร์ | duang jan |

Marte (m)	ดาวอังคาร	daao ang-khaan
Vénus (m)	ดาวศุกร์	daao sùk
Júpiter (m)	ดาวพฤหัส	daao phá-réu-hàt
Saturno (m)	ดาวเสาร์	daao săo

Mercúrio (m)	ดาวพุธ	daao phút
Urano (m)	ดาวยูเรนัส	daao-yoo-ray-nát
Neptuno (m)	ดาวเนปฐน	daao-nâyp-joon
Plutão (m)	ดาวพลูโต	daao phloo-dtoh

Via Láctea (f)	ทางช้างเผือก	thaang cháang phèuak
Ursa Maior (f)	กลุ่มดาวหมีใหญ่	glùm daao măe yài
Estrela Polar (f)	ดาวเหนือ	daao nĕua

marciano (m)	ชาวดาวอังคาร	chaao daao ang-khaan
extraterrestre (m)	มนุษย์ต่างดาว	má-nút dtàang daao
alienígena (m)	มนุษย์ต่างดาว	má-nút dtàang daao

disco (m) voador	จานบิน	jaan bin
nave (f) espacial	ยานอวกาศ	yaan a-wá-gàat
estação (f) orbital	สถานีอวกาศ	sà-thǎa-nee a-wá-gàat
lançamento (m)	การปล่อยจรวด	gaan bplòi jà-rùat
motor (m)	เครื่องยนต์	khrêuang yon
bocal (m)	ท่อไอพ่น	thôr ai phôn
combustível (m)	เชื้อเพลิง	chéua phlerng
cabine (f)	ที่นั่งคนขับ	thêe nâng khon khàp
antena (f)	เสาอากาศ	sǎo aa-gàat
vigia (f)	ช่อง	chôrng
bateria (f) solar	อุปกรณ์พลังงาน แสงอาทิตย์	ù-bpà-gon phá-lang ngaan sǎeng aa-thít
traje (m) espacial	ชุดอวกาศ	chút a-wá-gàat
imponderabilidade (f)	สภาพไร้น้ำหนัก	sà-phâap rái nám nàk
oxigénio (m)	อ็อกซิเจน	ók sí jayn
acoplagem (f)	การเทียบท่า	gaan thîap thâa
fazer uma acoplagem	เทียบทา	thîap thâa
observatório (m)	หอดูดาว	hǒr doo daao
telescópio (m)	กล้องโทรทรรศน์	glôrng thoh-rá-thát
observar (vt)	เฝ้าสังเกต	fâo sǎng-gàyt
explorar (vt)	สำรวจ	sǎm-rùat

75. A Terra

Terra (f)	โลก	lôhk
globo terrestre (Terra)	ลูกโลก	lôok lôhk
planeta (m)	ดาวเคราะห์	daao khrór
atmosfera (f)	บรรยากาศ	ban-yaa-gàat
geografia (f)	ภูมิศาสตร์	phoo-mí-sàat
natureza (f)	ธรรมชาติ	tham-má-châat
globo (mapa esférico)	ลูกโลก	lôok lôhk
mapa (m)	แผนที่	phǎen thêe
atlas (m)	หนังสือแผนที่โลก	nǎng-sěu phǎen thêe lôhk
Europa (f)	ยุโรป	yú-ròhp
Ásia (f)	เอเชีย	ay-chia
África (f)	แอฟริกา	àef-rí-gaa
Austrália (f)	ออสเตรเลีย	òrt-dtray-lia
América (f)	อเมริกา	a-may-rí-gaa
América (f) do Norte	อเมริกาเหนือ	a-may-rí-gaa něua
América (f) do Sul	อเมริกาใต้	a-may-rí-gaa dtâi
Antártida (f)	แอนตาร์กติกา	aen-dtàak-dtì-gaa
Ártico (m)	อาร์กติค	àak-dtìk

76. Pontos cardeais

norte (m)	เหนือ	nĕua
para norte	ทิศเหนือ	thít nĕua
no norte	ที่ภาคเหนือ	thêe phâak nĕua
do norte	ทางเหนือ	thaang nĕua
sul (m)	ใต้	dtâi
para sul	ทิศใต้	thít dtâi
no sul	ที่ภาคใต้	thêe phâak dtâi
do sul	ทางใต้	thaang dtâi
oeste, ocidente (m)	ตะวันตก	dtà-wan dtòk
para oeste	ทิศตะวันตก	thít dtà-wan dtòk
no oeste	ที่ภาคตะวันตก	thêe phâak dtà-wan dtòk
ocidental	ทางตะวันตก	thaang dtà-wan dtòk
leste, oriente (m)	ตะวันออก	dtà-wan òrk
para leste	ทิศตะวันออก	thít dtà-wan òrk
no leste	ที่ภาคตะวันออก	thêe phâak dtà-wan òrk
oriental	ทางตะวันออก	thaang dtà-wan òrk

77. Mar. Oceano

mar (m)	ทะเล	thá-lay
oceano (m)	มหาสมุทร	má-hăa sà-mùt
golfo (m)	อ่าว	àao
estreito (m)	ช่องแคบ	chôrng khâep
terra (f) firme	พื้นดิน	phéun din
continente (m)	ทวีป	thá-wêep
ilha (f)	เกาะ	gòr
península (f)	คาบสมุทร	khâap sà-mùt
arquipélago (m)	หมู่เกาะ	mòo gòr
baía (f)	อ่าว	àao
porto (m)	ท่าเรือ	thâa reua
lagoa (f)	ลากูน	laa-goon
cabo (m)	แหลม	lăem
atol (m)	อะทอลล์	à-thorn
recife (m)	แนวปะการัง	naew bpà-gaa-rang
coral (m)	ปะการัง	bpà gaa-rang
recife (m) de coral	แนวปะการัง	naew bpà-gaa-rang
profundo	ลึก	léuk
profundidade (f)	ความลึก	khwaam léuk
abismo (m)	หุบเหวลึก	hùp wăy léuk
fossa (f) oceânica	ร่องลึกกนสมุทร	rông léuk gôn sà-mùt
corrente (f)	กูระแสน้ำ	grà-săe náam
banhar (vt)	ลอมรอบ	lórm rôrp

litoral (m)	ชายฝั่ง	chaai fàng
costa (f)	ชายฝั่ง	chaai fàng
maré (f) alta	น้ำขึ้น	náam khêun
maré (f) baixa	น้ำลง	náam long
restinga (f)	หาดตื้น	hàat dtêun
fundo (m)	กนทะเล	gôn thá-lay
onda (f)	คลื่น	khlêun
crista (f) da onda	มวนคลื่น	múan khlêun
espuma (f)	ฟองคลื่น	forng khlêun
tempestade (f)	พายุ	phaa-yú
furacão (m)	พายุเฮอร์ริเคน	phaa-yú her-rí-khayn
tsunami (m)	คลื่นยักษ์	khlêun yák
calmaria (f)	ภาวะไร้ลมพัด	phaa-wá rái lom phát
calmo	สงบ	sà-ngòp
polo (m)	ขั้วโลก	khûa lôhk
polar	ขั้วโลก	khûa lôhk
latitude (f)	เส้นรุ้ง	sên rúng
longitude (f)	เส้นแวง	sên waeng
paralela (f)	เส้นขนาน	sên khà-nǎan
equador (m)	เส้นศูนย์สูตร	sên sǒon sòot
céu (m)	ท้องฟ้า	thórng fáa
horizonte (m)	ขอบฟ้า	khòrp fáa
ar (m)	อากาศ	aa-gàat
farol (m)	ประภาคาร	bprà-phaa-khaan
mergulhar (vi)	ดำ	dam
afundar-se (vr)	จม	jom
tesouros (m pl)	สมบัติ	sǒm-bàt

78. Nomes de Mares e Oceanos

Oceano (m) Atlântico	มหาสมุทรแอตแลนติก	má-hǎa sà-mùt àet-laen-dtìk
Oceano (m) Índico	มหาสมุทรอินเดีย	má-hǎa sà-mùt in-dia
Oceano (m) Pacífico	มหาสมุทรแปซิฟิก	má-hǎa sà-mùt bpae-sí-fík
Oceano (m) Ártico	มหาสมุทรอาร์คติก	má-hǎa sà-mùt aa-ká-dtìk
Mar (m) Negro	ทะเลดำ	thá-lay dam
Mar (m) Vermelho	ทะเลแดง	thá-lay daeng
Mar (m) Amarelo	ทะเลเหลือง	thá-lay lěuang
Mar (m) Branco	ทะเลขาว	thá-lay khǎao
Mar (m) Cáspio	ทะเลแคสเปียน	thá-lay khâet-bpian
Mar (m) Morto	ทะเลเดดซี	thá-lay dàyt-see
Mar (m) Mediterrâneo	ทะเลเมดิเตอร์เรเนียน	thá-lay may-dì-dtêr-ray-nian
Mar (m) Egeu	ทะเลเอเจี้ยน	thá-lay ay-jîan
Mar (m) Adriático	ทะเลเอเดรียติก	thá-lay ay-day-ree-yá-dtìk
Mar (m) Arábico	ทะเลอาหรับ	thá-lay aa-ràp

Mar (m) do Japão	ทะเลญี่ปุ่น	thá-lay yêe-bpùn
Mar (m) de Bering	ทะเลเบริ่ง	thá-lay bae-rîng
Mar (m) da China Meridional	ทะเลจีนใต้	thá-lay jeen-dtâi
Mar (m) de Coral	ทะเลคอรัล	thá-lay khor-ran
Mar (m) de Tasman	ทะเลแทสมัน	thá-lay thâet man
Mar (m) do Caribe	ทะเลแคริบเบียน	thá-lay khae-ríp-bian
Mar (m) de Barents	ทะเลบาเรนท์	thá-lay baa-rayn
Mar (m) de Kara	ทะเลคารา	thá-lay khaa-raa
Mar (m) do Norte	ทะเลเหนือ	thá-lay nĕua
Mar (m) Báltico	ทะเลบอลติก	thá-lay bon-dtìk
Mar (m) da Noruega	ทะเลนอรเวย์	thá-lay nor-rá-way

79. Montanhas

montanha (f)	ภูเขา	phoo khăo
cordilheira (f)	ทิวเขา	thiw khăo
serra (f)	สันเขา	săn khăo
cume (m)	ยอดเขา	yôrt khăo
pico (m)	ยอด	yôrt
sopé (m)	ตีนเขา	dteun khăo
declive (m)	ไหลเขา	lài khăo
vulcão (m)	ภูเขาไฟ	phoo khăo fai
vulcão (m) ativo	ภูเขาไฟมีพลัง	phoo khăo fai mee phá-lang
vulcão (m) extinto	ภูเขาไฟที่ดับแล้ว	phoo khăo fai thêe dàp láew
erupção (f)	ภูเขาไฟระเบิด	phoo khăo fai rá-bèrt
cratera (f)	ปลองภูเขาไฟ	bplòng phoo khăo fai
magma (m)	หินหนืด	hĭn nèut
lava (f)	ลาวา	laa-waa
fundido (lava ~a)	หลอมเหลว	lŏrm lĕo
desfiladeiro (m)	หุบเขาลึก	hùp khăo léuk
garganta (f)	ช่องเขา	chôrng khăo
fenda (f)	รอยแตกภูเขา	roi dtàek phoo khăo
precipício (m)	หุบเหวลึก	hùp wăy léuk
passo, colo (m)	ทางผ่าน	thaang phàan
planalto (m)	ที่ราบสูง	thêe râap sŏong
falésia (f)	หน้าผา	nâa phăa
colina (f)	เนินเขา	nern khăo
glaciar (m)	ธารน้ำแข็ง	thaan náam khăeng
queda (f) d'água	น้ำตก	nám dtòk
géiser (m)	น้ำพุร้อน	nám phú rórn
lago (m)	ทะเลสาบ	thá-lay sàap
planície (f)	ที่ราบ	thêe râap
paisagem (f)	ภูมิทัศน์	phoom thát
eco (m)	เสียงสะท้อน	sĭang sà-thón

alpinista (m)	นักปีนเขา	nák bpeen khǎo
escalador (m)	นักไต่เขา	nák dtài khǎo
conquistar (vt)	ไต่เขาถึงยอด	dtài khǎo thěung yôt
subida, escalada (f)	การปีนเขา	gaan bpeen khǎo

80. Nomes de montanhas

Alpes (m pl)	เทือกเขาแอลป์	thêuak-khǎo-aen
monte Branco (m)	ยอดเขามงบล็อง	yôt khǎo mong-bà-lǒng
Pirineus (m pl)	เทือกเขาไพรีนีส	thêuak khǎo pai-ree-nêet
Cárpatos (m pl)	เทือกเขาคาร์เพเทียน	thêuak khǎo khaa-phay-thian
montes (m pl) Urais	เทือกเขายูรัล	thêuak khǎo yoo-ran
Cáucaso (m)	เทือกเขาคอเคซัส	thêuak khǎo khor-khay-sát
Elbrus (m)	ยอดเขาเอลบรุส	yôt khǎo ayn-brùt
Altai (m)	เทือกเขาอัลไต	thêuak khǎo an-dtai
Tian Shan (m)	เทือกเขาเทียนชาน	thêuak khǎo thian-chaan
Pamir (m)	เทือกเขาพาเมียร์	thêuak khǎo paa-mia
Himalaias (m pl)	เทือกเขาหิมาลัย	thêuak khǎo hì-maa-lai
monte (m) Everest	ยอดเขาเอเวอเรสต์	yôt khǎo ay-wer-râyt
Cordilheira (f) dos Andes	เทือกเขาแอนดีส	thêuak-khǎo-aen-dèet
Kilimanjaro (m)	ยอดเขาคิลิมันจาโร	yôt khǎo khí-lí-man-jaa-roh

81. Rios

rio (m)	แม่น้ำ	mâe náam
fonte, nascente (f)	แหล่งน้ำแร่	làeng náam râe
leito (m) do rio	เส้นทางแม่น้ำ	sên thaang mâe náam
bacia (f)	ลุ่มน้ำ	lûm náam
desaguar no …	ไหลไปสู่…	lǎi bpai sòo...
afluente (m)	สาขา	sǎa-khǎa
margem (do rio)	ฝั่งแม่น้ำ	fàng mâe náam
corrente (f)	กระแสน้ำ	grà-sǎe náam
rio abaixo	ตามกระแสน้ำ	dtaam grà-sǎe náam
rio acima	ทวนน้ำ	thuan náam
inundação (f)	น้ำท่วม	nám thûam
cheia (f)	น้ำทวม	nám thûam
transbordar (vi)	เอ่อล้น	èr lón
inundar (vt)	ท่วม	thûam
baixio (m)	บริเวณน้ำตื้น	bor-rí-wayn nám dtêun
rápidos (m pl)	กระแสน้ำเชี่ยว	grà-sǎe nám-chîeow
barragem (f)	เขื่อน	khèuan
canal (m)	คลอง	khlorng
reservatório (m) de água	ที่เก็บกักน้ำ	thêe gèp gàk náam
eclusa (f)	ประตูระบายน้ำ	bprà-dtoo rá-baai náam

corpo (m) de água	พื้นน้ำ	phéun náam
pântano (m)	บึง	beung
tremedal (m)	ห้วย	hûay
remoinho (m)	น้ำวน	nám won

arroio, regato (m)	ลำธาร	lam thaan
potável	น้ำดื่มได้	nám dèum dâai
doce (água)	น้ำจืด	nám jèut

| gelo (m) | น้ำแข็ง | nám khăeng |
| congelar-se (vr) | แช่แข็ง | châe khăeng |

82. Nomes de rios

| rio Sena (m) | แม่น้ำเซน | mâe náam sayn |
| rio Loire (m) | แม่น้ำลัวร | mâe-náam lua |

rio Tamisa (m)	แม่น้ำเทมส์	mâe-náam them
rio Reno (m)	แม่น้ำไรน	mâe-náam rai
rio Danúbio (m)	แม่น้ำดานูบ	mâe-náam daa-nôop

rio Volga (m)	แม่น้ำวอลกา	mâe-náam won-gaa
rio Don (m)	แม่น้ำดอน	mâe-náam don
rio Lena (m)	แม่น้ำลีนา	mâe-náam lee-naa

rio Amarelo (m)	แม่น้ำหวง	mâe-náam hŭang
rio Yangtzé (m)	แม่น้ำแยงซี	mâe-náam yaeng-see
rio Mekong (m)	แม่น้ำโขง	mâe-náam khŏhng
rio Ganges (m)	แม่น้ำคงคา	mâe-náam khong-khaa

rio Nilo (m)	แม่น้ำไนล์	mâe-náam nai
rio Congo (m)	แม่น้ำคองโก	mâe-náam khong-goh
rio Cubango (m)	แม่น้ำโอคาวังโก	mâe-náam oh-khaa wang goh
rio Zambeze (m)	แม่น้ำแซมบีซี	mâe-náam saem bee see
rio Limpopo (m)	แม่น้ำลิมโปโป	mâe-náam lim-bpoh-bpoh
rio Mississípi (m)	แม่น้ำมิสซิสซิปปี	mâe-náam mít-sít-síp-bpee

83. Floresta

| floresta (f), bosque (m) | ป่าไม้ | bpàa máai |
| florestal | ป่า | bpàa |

mata (f) cerrada	ป่าทึบ	bpàa théup
arvoredo (m)	ป่าละเมาะ	bpàa lá-mór
clareira (f)	ทุ่งโล่ง	thûng lôhng

| matagal (f) | ป่าละเมาะ | bpàa lá-mór |
| mato (m) | ป่าละเมาะ | bpàa lá-mór |

| vereda (f) | ทางเดิน | thaang dern |
| ravina (f) | ร่องธาร | rông thaan |

árvore (f)	ต้นไม้	dtôn máai
folha (f)	ใบไม้	bai máai
folhagem (f)	ใบไม้	bai máai
queda (f) das folha	ใบไม้ร่วง	bai máai rûang
cair (vi)	ร่วง	rûang
topo (m)	ยอด	yôrt
ramo (m)	กิ่ง	gìng
galho (m)	กานไม้	gâan mái
botão, rebento (m)	ยอดอ่อน	yôrt òrn
agulha (f)	เข็ม	khěm
pinha (f)	ลูกสน	lôok sǒn
buraco (m) de árvore	โพรงไม้	phrohng máai
ninho (m)	รัง	rang
toca (f)	โพรง	phrohng
tronco (m)	ลำต้น	lam dtôn
raiz (f)	ราก	râak
casca (f) de árvore	เปลือกไม้	bplèuak máai
musgo (m)	มอส	mòt
arrancar pela raiz	ถอนราก	thǒrn râak
cortar (vt)	โค่น	khôhn
desflorestar (vt)	ตัดไม้ทำลายป่า	dtàt mái tham laai bpàa
toco, cepo (m)	ตอไม้	dtor máai
fogueira (f)	กองไฟ	gorng fai
incêndio (m) florestal	ไฟป่า	fai bpàa
apagar (vt)	ดับไฟ	dàp fai
guarda-florestal (m)	เจ้าหน้าที่ดูแลป่า	jâo nâa-thêe doo lae bpàa
proteção (f)	การปกป้อง	gaan bpòk bpôrng
proteger (a natureza)	ปกป้อง	bpòk bpôrng
caçador (m) furtivo	นักลอบล่าสัตว์	nák lôrp lâa sàt
armadilha (f)	กับดักเหล็ก	gàp dàk lèk
colher (cogumelos, bagas)	เก็บ	gèp
perder-se (vr)	หลงทาง	lǒng thaang

84. Recursos naturais

recursos (m pl) naturais	ทรัพยากร ธรรมชาติ	sáp-pá-yaa-gon tham-má-châat
minerais (m pl)	แร่	râe
depósitos (m pl)	ตะกอน	dtà-gorn
jazida (f)	บอ	bòr
extrair (vt)	ขุดแร่	khùt râe
extração (f)	การขุดแร่	gaan khùt râe
minério (m)	แร่	râe
mina (f)	เหมืองแร่	měuang râe
poço (m) de mina	ช่องเหมือง	chôrng měuang

mineiro (m)	คนงานเหมือง	khon ngaan měuang
gás (m)	แกส	gáet
gasoduto (m)	ทอแกส	thôr gáet
petróleo (m)	น้ำมัน	nám man
oleoduto (m)	ทอน้ำมัน	thôr náam man
poço (m) de petróleo	บอน้ำมัน	bòr náam man
torre (f) petrolífera	ปั้นจั่นขนาดใหญ่	bpân jàn khà-nàat yài
petroleiro (m)	เรือบรรทุกน้ำมัน	reua ban-thúk nám man
areia (f)	ทราย	saai
calcário (m)	หินปูน	hǐn bpoon
cascalho (m)	กรวด	grùat
turfa (f)	พีต	phêet
argila (f)	ดินเหนียว	din nǐeow
carvão (m)	ถานหิน	thàan hǐn
ferro (m)	เหล็ก	lèk
ouro (m)	ทอง	thorng
prata (f)	เงิน	ngern
níquel (m)	นิเกิล	ní-gêrn
cobre (m)	ทองแดง	thorng daeng
zinco (m)	สังกะสี	sǎng-gà-sěe
manganês (m)	แมงกานีส	maeng-gaa-nêet
mercúrio (m)	ปรอท	bpa -ròrt
chumbo (m)	ตะกั่ว	dtà-gùa
mineral (m)	แร่	râe
cristal (m)	ผลึก	phà-lèuk
mármore (m)	หินออน	hǐn òrn
urânio (m)	ยูเรเนียม	yoo-ray-niam

85. Tempo

tempo (m)	สภาพอากาศ	sà-phâap aa-gàat
previsão (f) do tempo	พยากรณ์	phá-yaa-gon
	สภาพอากาศ	sà-phâap aa-gàat
temperatura (f)	อุณหภูมิ	un-hà-phoom
termómetro (m)	ปรอทวัดอุณหภูมิ	bpà-ròrt wát un-hà-phoom
barómetro (m)	เครื่องวัดความดัน	khrêuang wát khwaam dan
	บรรยากาศ	ban-yaa-gàat
húmido	ชื้น	chéun
humidade (f)	ความชื้น	khwaam chéun
calor (m)	ความร้อน	khwaam rórn
cálido	ร้อน	rórn
está muito calor	มันร้อน	man rórn
está calor	มันอุ่น	man ùn
quente	อุ่น	ùn
está frio	อากาศเย็น	aa-gàat yen
frio	เย็น	yen

sol (m)	ดวงอาทิตย์	duang aa-thít
brilhar (vi)	สองแสง	sòrng săeng
de sol, ensolarado	มีแสงแดด	mee săeng dàet
nascer (vi)	ขึ้น	khêun
pôr-se (vr)	ตก	dtòk
nuvem (f)	เมฆ	mâyk
nublado	มีเมฆมาก	mee mâyk mâak
nuvem (f) preta	เมฆฝน	mâyk fŏn
escuro, cinzento	มืดครึ้ม	mêut khréum
chuva (f)	ฝน	fŏn
está a chover	ฝนตก	fŏn dtòk
chuvoso	ฝนตก	fŏn dtòk
chuviscar (vi)	ฝนปรอย	fòn bproi
chuva (f) torrencial	ฝนตกหนัก	fŏn dtòk nàk
chuvada (f)	ฝนหาใหญ่	fŏn hàa yài
forte (chuva)	หนัก	nàk
poça (f)	หลมน้ำ	lòm nám
molhar-se (vr)	เปียก	bpìak
nevoeiro (m)	หมอก	mòrk
de nevoeiro	หมอกจัด	mòrk jàt
neve (f)	หิมะ	hì-má
está a nevar	หิมะตก	hì-má dtòk

86. Tempo extremo. Catástrofes naturais

trovoada (f)	พายุฟ้าคะนอง	phaa-yú fáa khá-nong
relâmpago (m)	ฟ้าผา	fáa phàa
relampejar (vi)	แลบ	lâep
trovão (m)	ฟ้าคะนอง	fáa khá-norng
trovejar (vi)	มีฟ้าคะนอง	mee fáa khá-norng
está a trovejar	มีฟ้าร้อง	mee fáa rórng
granizo (m)	ลูกเห็บ	lôok hèp
está a cair granizo	มีลูกเห็บตก	mee lôok hèp dtòk
inundar (vt)	ท่วมุ	thûam
inundação (f)	น้ำทวม	nám thûam
terremoto (m)	แผ่นดินไหว	phàen din wăi
abalo, tremor (m)	ไหว	wăi
epicentro (m)	จุดเหนือศูนย์แผ่นดินไหว	jùt nĕua sŏon phàen din wăi
erupção (f)	ภูเขาไฟระเบิด	phoo khăo fai rá-bèrt
lava (f)	ลาวา	laa-waa
turbilhão (m)	พายุหมุน	phaa-yú mŭn
tornado (m)	พายุทอร์เนโด	phaa-yú thor-nay-doh
tufão (m)	พายุไต้ฝุ่น	phaa-yú dtâi fùn
furacão (m)	พายุเฮอร์ริเคน	phaa-yú her-rí-khayn

tempestade (f)	พายุ	phaa-yú
tsunami (m)	คลื่นสึนามิ	khlêun sèu-naa-mí
ciclone (m)	พายุไซโคลน	phaa-yú sai-khlohn
mau tempo (m)	อากาศไม่ดี	aa-gàat mâi dee
incêndio (m)	ไฟไหม้	fai mâi
catástrofe (f)	ความหายนะ	khwaam hǎa-yá-ná
meteorito (m)	อุกกาบาต	ùk-gaa-bàat
avalanche (f)	หิมะถล่ม	hì-má thà-lòm
deslizamento (f) de neve	หิมะถลม	hì-má thà-lòm
nevasca (f)	พายุหิมะ	phaa-yú hì-má
tempestade (f) de neve	พายุหิมะ	phaa-yú hì-má

FAUNA

87. Mamíferos. Predadores

predador (m)	สัตว์กินเนื้อ	sàt gin néua
tigre (m)	เสือ	sěua
leão (m)	สิงโต	sǐng dtoh
lobo (m)	หมาป่า	mǎa bpàa
raposa (f)	หมาจิ้งจอก	mǎa jîng-jòk
jaguar (m)	เสือจากัวร์	sěua jaa-gua
leopardo (m)	เสือดาว	sěua daao
chita (f)	เสือชีตาห์	sěua chee-dtaa
pantera (f)	เสือดำ	sěua dam
puma (m)	สิงโตภูเขา	sǐng-dtoh phoo khǎo
leopardo-das-neves (m)	เสือดาวหิมะ	sěua daao hì-má
lince (m)	แมวป่า	maew bpàa
coiote (m)	โคโยตี้	khoh-yoh-dtêe
chacal (m)	หมาจิ้งจอกทอง	mǎa jîng-jòk thorng
hiena (f)	ไฮยีนา	hai-yee-naa

88. Animais selvagens

animal (m)	สัตว์	sàt
besta (f)	สัตว์	sàt
esquilo (m)	กระรอก	grà rôk
ouriço (m)	เม่น	mâyn
lebre (f)	กระต่ายป่า	grà-dtàai bpàa
coelho (m)	กระต่าย	grà-dtàai
texugo (m)	แบดเจอร์	baet-jer
guaxinim (m)	แร็คคูน	ráek khoon
hamster (m)	หนูแฮมสเตอร์	nǒo haem-sà-dtêr
marmota (f)	มาร์มอต	maa-môt
toupeira (f)	ตุ่น	dtùn
rato (m)	หนู	nǒo
ratazana (f)	หนู	nǒo
morcego (m)	ค้างคาว	kháang khaao
arminho (m)	เออร์มิน	er-min
zibelina (f)	เซเบิล	say bern
marta (f)	มาร์เทิน	maa thern
doninha (f)	เพียงพอนสีน้ำตาล	phiang phon sěe nám dtaan
vison (m)	เพียงพอน	phiang phorn

castor (m)	ปีเวอร์	bee-wer
lontra (f)	นาก	nâak
cavalo (m)	ม้า	máa
alce (m) americano	กวางมูส	gwaang môot
veado (m)	กวาง	gwaang
camelo (m)	อูฐ	òot
bisão (m)	วัวป่า	wua bpàa
auroque (m)	วัวป่าออรอช	wua bpàa or rôt
búfalo (m)	ควาย	khwaai
zebra (f)	ม้าลาย	máa laai
antílope (m)	แอนทีโลป	aen-thi-lòp
corça (f)	กวางโรเดียร์	gwaang roh-dia
gamo (m)	กวางแฟลโลว์	gwaang flae-loh
camurça (f)	เลียงผา	liang-phăa
javali (m)	หมูป่า	mŏo bpàa
baleia (f)	วาฬ	waan
foca (f)	แมวน้ำ	maew náam
morsa (f)	ช้างน้ำ	cháang náam
urso-marinho (m)	แมวน้ำมีขน	maew náam mee khŏn
golfinho (m)	โลมา	loh-maa
urso (m)	หมี	mĕe
urso (m) branco	หมีขั้วโลก	mĕe khúa lôhk
panda (m)	หมีแพนดา	mĕe phaen-dâa
macaco (em geral)	ลิง	ling
chimpanzé (m)	ลิงชิมแปนซี	ling chim-bpaen-see
orangotango (m)	ลิงอุรังอุตัง	ling u-rang-u-dtang
gorila (m)	ลิงกอริลลา	ling gor-rin-lâa
macaco (m)	ลิงแม็กแคก	ling mâk-khâk
gibão (m)	ชะนี	chá-nee
elefante (m)	ช้าง	cháang
rinoceronte (m)	แรด	râet
girafa (f)	ยีราฟ	yee-râaf
hipopótamo (m)	ฮิปโปโปเตมัส	híp-bpoh-bpoh-dtay-mát
canguru (m)	จิงโจ้	jing-jôh
coala (m)	หมีโคอาล่า	mĕe khoh aa lâa
mangusto (m)	พังพอน	phang phon
chinchila (f)	ชินชิลลา	khin-khin laa
doninha-fedorenta (f)	สกังก์	sà-gang
porco-espinho (m)	เมน	mâyn

89. Animais domésticos

gata (f)	แมวตัวเมีย	maew dtua mia
gato (m) macho	แมวตัวผู้	maew dtua phôo
cão (m)	สุนัข	sù-nák

cavalo (m)	ม้า	máa
garanhão (m)	ม้าตัวผู้	máa dtua phôo
égua (f)	มาตัวเมีย	máa dtua mia

vaca (f)	วัว	wua
touro (m)	กระทิง	grà-thing
boi (m)	วัว	wua

ovelha (f)	แกะตัวเมีย	gàe dtua mia
carneiro (m)	แกะตัวผู้	gàe dtua phôo
cabra (f)	แพะตัวเมีย	pháe dtua mia
bode (m)	แพะตัวผู้	pháe dtua phôo

| burro (m) | ลา | laa |
| mula (f) | ลอ | lôr |

porco (m)	หมู	mǒo
porquinho (m)	ลูกหมู	lôok mǒo
coelho (m)	กระต่าย	grà-dtàai

| galinha (f) | ไก่ตัวเมีย | gài dtua mia |
| galo (m) | ไก่ตัวผู้ | gài dtua phôo |

pato (m), pata (f)	เป็ดตัวเมีย	bpèt dtua mia
pato (macho)	เป็ดตัวผู้	bpèt dtua phôo
ganso (m)	ห่าน	hàan

| peru (m) | ไก่งวงตัวผู้ | gài nguang dtua phôo |
| perua (f) | ไก่งวงตัวเมีย | gài nguang dtua mia |

animais (m pl) domésticos	สัตว์เลี้ยง	sàt líang
domesticado	เลี้ยง	líang
domesticar (vt)	เชื่อง	chêuang
criar (vt)	ขยายพันธุ์	khà-yǎai phan

quinta (f)	ฟาร์ม	faam
aves (f pl) domésticas	สัตว์ปีก	sàt bpèek
gado (m)	วัวควาย	wua khwaai
rebanho (m), manada (f)	ฝูง	fǒong

estábulo (m)	คอกม้า	khôrk máa
pocilga (f)	คอกหมู	khôrk mǒo
estábulo (m)	คอกวัว	khôrk wua
coelheira (f)	คอกกระต่าย	khôrk grà-dtàai
galinheiro (m)	เล้าไก่	láo gài

90. Pássaros

pássaro, ave (m)	นก	nók
pombo (m)	นกพิราบ	nók phí-râap
pardal (m)	นกกระจิบ	nók grà-jìp
chapim-real (m)	นกติ๊ด	nók dtít
pega-rabuda (f)	นกสาลิกา	nók sǎa-lí gaa
corvo (m)	นกอีกา	nók ee-gaa

gralha (f) cinzenta	นกกา	nók gaa
gralha-de-nuca-cinzenta (f)	นกจำพวกกา	nók jam phúak gaa
gralha-calva (f)	นกการูด	nók gaa róok
pato (m)	เป็ด	bpèt
ganso (m)	ห่าน	hàan
faisão (m)	ไก่ฟ้า	gài fáa
águia (f)	นกอินทรี	nók in-see
açor (m)	นกเหยี่ยว	nók yìeow
falcão (m)	นกเหยี่ยว	nók yìeow
abutre (m)	นกแร้ง	nók ráeng
condor (m)	นกแร้งขนาดใหญ่	nók ráeng kà-nàat yài
cisne (m)	นกหงส์	nók hŏng
grou (m)	นกกระเรียน	nók grà rian
cegonha (f)	นกกระสา	nók grà-săa
papagaio (m)	นกแก้ว	nók gâew
beija-flor (m)	นกฮัมมิ่งเบิร์ด	nók ham-mîng-bèrt
pavão (m)	นกยูง	nók yoong
avestruz (f)	นกกระจอกเทศ	nók grà-jòrk-thâyt
garça (f)	นกยาง	nók yaang
flamingo (m)	นกฟลามิงโก	nók flaa-ming-goh
pelicano (m)	นกกระทุง	nók-grà-thung
rouxinol (m)	นกไนติงเกล	nók-nai-dting-gayn
andorinha (f)	นกนางแอน	nók naang-àen
tordo-zornal (m)	นกเดินดง	nók dern dong
tordo-músico (m)	นกเดินดงร้องเพลง	nók dern dong rórng phlayng
melro-preto (m)	นกเดินดงสีดำ	nók-dern-dong sĕe dam
andorinhão (m)	นกแอ่น	nók àen
cotovia (f)	นกลารค	nók lâak
codorna (f)	นกคุม	nók khúm
pica-pau (m)	นกหัวขวาน	nók hŭa khwăn
cuco (m)	นกดุเหวา	nók dù hăy wâa
coruja (f)	นกฮูก	nók hôok
corujão, bufo (m)	นกเค้าใหญ่	nók kháo yài
tetraz-grande (m)	ไก่ป่า	gài bpàa
tetraz-lira (m)	ไก่ดำ	gài dam
perdiz-cinzenta (f)	นกกระทา	nók-grà-thaa
estorninho (m)	นกกิ้งโครง	nók-gîng-khrohng
canário (m)	นกขุมิน	nók khà-mîn
galinha-do-mato (f)	ไก่น้ำตาล	gài nám dtaan
tentilhão (m)	นกจาบ	nók-jàap
dom-fafe (m)	นกบูลฟินช์	nók boon-fin
gaivota (f)	นกนางนวล	nók naang-nuan
albatroz (m)	นกอัลบาทรอส	nók an-baa-thrôt
pinguim (m)	นกเพนกวิน	nók phayn-gwin

91. Peixes. Animais marinhos

brema (f)	ปลาบรีม	bplaa bpreem
carpa (f)	ปลาคารูป	bplaa khâap
perca (f)	ปลาเพิร์ช	bplaa phêrt
siluro (m)	ปลาดุก	bplaa-dùk
lúcio (m)	ปลาไพค์	bplaa phai
salmão (m)	ปลาแซลมอน	bplaa saen-morn
esturjão (m)	ปลาสเตอรเจียน	bpláa sà-dtêr jian
arenque (m)	ปลาเฮอร์ริง	bplaa her-ring
salmão (m)	ปลาแซลมอนแอตแลนติก	bplaa saen-mon àet-laen-dtìk
cavala, sarda (f)	ปลาซาบะ	bplaa saa-bà
solha (f)	ปลาลิ้นหมา	bplaa lín-măa
lúcio perca (m)	ปลาไพค์เพิร์ช	bplaa phái phert
bacalhau (m)	ปลาคอด	bplaa khót
atum (m)	ปลาทูนา	bplaa thoo-nâa
truta (f)	ปลาเทราท์	bplaa thrau
enguia (f)	ปลาไหล	bplaa lăi
raia elétrica (f)	ปลากระเบนไฟฟ้า	bplaa grà-bayn-fai-fáa
moreia (f)	ปลาไหลมอเรย์	bplaa lăi mor-ray
piranha (f)	ปลาปิรันยา	bplaa bpì-ran-yâa
tubarão (m)	ปลาฉลาม	bplaa chà-lăam
golfinho (m)	โลมา	loh-maa
baleia (f)	วาฬ	waan
caranguejo (m)	ปู	bpoo
medusa, alforreca (f)	แมงกะพรุน	maeng gà-phrun
polvo (m)	ปลาหมึก	bplaa mèuk
estrela-do-mar (f)	ปลาดาว	bplaa daao
ouriço-do-mar (m)	หอยเม่น	hŏi mâyn
cavalo-marinho (m)	ม้าน้ำ	máa nám
ostra (f)	หอยนางรม	hŏi naang rom
camarão (m)	กุ้ง	gúng
lavagante (m)	กุ้งมังกร	gúng mang-gon
lagosta (f)	กุ้งมังกร	gúng mang-gon

92. Amfíbios. Répteis

serpente, cobra (f)	งู	ngoo
venenoso	พิษ	phít
víbora (f)	งูแมวเซา	ngoo maew sao
cobra-capelo, naja (f)	งูเห่า	ngoo hào
pitão (m)	งูเหลือม	ngoo lĕuam
jiboia (f)	งูโบอา	ngoo boh-aa
cobra-de-água (f)	งูเล็กที่ไม่เป็นอันตราย	ngoo lék thêe mâi bpen an-dtà-raai

cascavel (f)	งูหางกระดิ่ง	ngoo hăang grà-dìng
anaconda (f)	งูอนาคอนดา	ngoo a -naa-khon-daa
lagarto (m)	กิ้งก่า	gîng-gàa
iguana (f)	อีกัวนา	ee gua naa
varano (m)	กิ้งกามอนิเตอร์	gîng-gàa mor-ní-dtêr
salamandra (f)	ซาลาแมนเดอร	saa-laa-maen-dêr
camaleão (m)	กิ้งกาคามิเลียน	gîng-gàa khaa-mí-lian
escorpião (m)	แมงป่อง	maeng bpòrng
tartaruga (f)	เต่า	dtào
rã (f)	กบ	gòp
sapo (m)	คางคก	khaang-kók
crocodilo (m)	จระเข้	jor-rá-khây

93. Insetos

inseto (m)	แมลง	má-laeng
borboleta (f)	ผีเสื้อ	phĕe sêua
formiga (f)	มด	mót
mosca (f)	แมลงวัน	má-laeng wan
mosquito (m)	ยุง	yung
escaravelho (m)	แมลงปีกแข็ง	má-laeng bpèek khăeng
vespa (f)	ต่อ	dtòr
abelha (f)	ผึ้ง	phêung
zangão (m)	ผึ้งบัมเบิลบี	phêung bam-bern bee
moscardo (m)	เหลือบ	lèuap
aranha (f)	แมงมุม	maeng mum
teia (f) de aranha	ใยแมงมุม	yai maeng mum
libélula (f)	แมลงปอ	má-laeng bpor
gafanhoto-do-campo (m)	ตั๊กแตน	dták-gà-dtaen
traça (f)	ผีเสื้อกลางคืน	phĕe sêua glaang kheun
barata (f)	แมลงสาบ	má-laeng sàap
carraça (f)	เห็บ	hèp
pulga (f)	หมัด	màt
borrachudo (m)	ริ้น	rín
gafanhoto (m)	ตั๊กแตน	dták-gà-dtaen
caracol (m)	หอยทาก	hŏi thâak
grilo (m)	จิ้งหรีด	jîng-rèet
pirilampo (m)	หิ่งห้อย	hìng-hôi
joaninha (f)	แมลงเต่าทอง	má-laeng dtào thorng
besouro (m)	แมงอีนูน	maeng ee noon
sanguessuga (f)	ปูลิง	bpling
lagarta (f)	บุ้ง	búng
minhoca (f)	ไส้เดือน	sâi deuan
larva (f)	ตัวออน	dtua òrn

FLORA

94. Árvores

árvore (f)	ต้นไม้	dtôn máai
decídua	ผลัดใบ	phlàt bai
conífera	สน	sǒn
perene	ซึ่งเขียวชอุ่ม ตลอดปี	sêung khǐeow chá-ùm dtà-lòrt bpee

macieira (f)	ต้นแอปเปิ้ล	dtôn àep-bpêrn
pereira (f)	ต้นแพร	dtôn phae
cerejeira (f)	ต้นเชอร์รี่ป่า	dtôn cher-rêe bpàa
ginjeira (f)	ต้นเชอร์รี่	dtôn cher-rêe
ameixeira (f)	ตนพลัม	dtôn phlam

bétula (f)	ต้นเบิร์ช	dtôn bèrt
carvalho (m)	ต้นโอ๊ค	dtôn óhk
tília (f)	ตนไมดอกเหลือง	dtôn máai dòrk lěuang

| choupo-tremedor (m) | ต้นแอสเพน | dtôn ae sà-phayn |
| bordo (m) | ตนเมเปิล | dtôn may bpêrn |

espruce-europeu (m)	ต้นเฟอร์	dtôn fer
pinheiro (m)	ต้นเกี๊ยะ	dtôn gía
alerce, lariço (m)	ตนลารช	dtôn lâat

| abeto (m) | ต้นเฟอร์ | dtôn fer |
| cedro (m) | ตนซีดาร | dtôn-see-daa |

| choupo, álamo (m) | ต้นปอปลาร์ | dtôn bpor-bplaa |
| tramazeira (f) | ตนโรแวน | dtôn-roh-waen |

| salgueiro (m) | ต้นวิลโลว์ | dtôn win-loh |
| amieiro (m) | ตนอัลเดอร์ | dtôn an-dêr |

| faia (f) | ต้นบีช | dtôn bèet |
| ulmeiro (m) | ตนเอลม | dtôn elm |

| freixo (m) | ต้นแอช | dtôn aesh |
| castanheiro (m) | ตนเกาลัด | dtôn gao lát |

magnólia (f)	ต้นแมกโนเลีย	dtôn mâek-noh-lia
palmeira (f)	ต้นปาลม	dtôn bpaam
cipreste (m)	ตนไซเปรส	dtôn-sai-bpràyt

mangue (m)	ต้นโกงกาง	dtôn gohng gaang
embondeiro, baobá (m)	ต้นเบาบับ	dtôn bao-bàp
eucalipto (m)	ต้นยูคาลิปตัส	dtôn yoo-khaa-líp-dtàt
sequoia (f)	ตนสนซีค้วยา	dtôn sǒn see kua yaa

95. Arbustos

arbusto (m)	พุ่มไม้	phúm máai
arbusto (m), moita (f)	ต้นไม้พุ่ม	dtôn máai phúm
videira (f)	ต้นองุ่น	dtôn a-ngùn
vinhedo (m)	ไร่องุ่น	râi a-ngùn
framboeseira (f)	พุ่มราสเบอร์รี่	phúm râat-ber-rêe
groselheira-preta (f)	พุ่มแบล็คเคอร์แรนท์	phúm blàek-khêr-raen
groselheira-vermelha (f)	พุมเรดเคอร์แรนท	phúm râyt-khêr-raen
groselheira (f) espinhosa	พุมกูสเบอร์รี	phúm gòot-ber-rêe
acácia (f)	ต้นอาเคเชีย	dtôn aa-khay-chia
bérberis (f)	ตนบารเบอร์รี่	dtôn baa-ber-rêe
jasmim (m)	มะลิ	má-lí
junípero (m)	ต้นจูนิเปอร์	dtôn joo-ní-bper
roseira (f)	พุมกุหลาบ	phúm gù làap
roseira (f) brava	พุมต็อกโรส	phúm dòrk-rôht

96. Frutos. Bagas

fruta (f)	ผลไม้	phŏn-lá-máai
frutas (f pl)	ผลไม	phŏn-lá-máai
maçã (f)	แอปเปิ้ล	àep-bpêrn
pera (f)	ลูกแพร	lôok phae
ameixa (f)	พลัม	phlam
morango (m)	สตรอว์เบอร์รี่	sà-dtror-ber-rêe
ginja (f)	เชอรี่	cher-rêe
cereja (f)	เชอรี่ป่า	cher-rêe bpàa
uva (f)	องุ่น	a-ngùn
framboesa (f)	ราสเบอร์รี่	râat-ber-rêe
groselha (f) preta	แบล็คเคอร์แรนท์	blàek khêr-raen
groselha (f) vermelha	เรดเคอร์แรนท	râyt-khêr-raen
groselha (f) espinhosa	กูสเบอร์รี	gòot-ber-rêe
oxicoco (m)	แครนเบอร์รี่	khraen-ber-rêe
laranja (f)	สุ้ม	sôm
tangerina (f)	สมแมนดาริน	sôm maen daa rin
ananás (m)	สับปะรด	sàp-bpà-rót
banana (f)	กล้วย	glúay
tâmara (f)	อินทผลัม	in-thá-phâ-lam
limão (m)	เลมอน	lay-mon
damasco (m)	แอปริคอท	ae-bprì-khôrt
pêssego (m)	ลูกทอ	lôok thór
kiwi (m)	กีวี	gee wee
toranja (f)	สมโอ	sôm oh
baga (f)	เบอร์รี่	ber-rêe

bagas (f pl)	เบอร์รี่	ber-rêe
arando (m) vermelho	คาวเบอร์รี่	khaao-ber-rêe
morango-silvestre (m)	สตรอวเบอร์รี่ป่า	sá-dtrorw ber-rêe bpàa
mirtilo (m)	บิลเบอร์รี่	bil-ber-rêe

97. Flores. Plantas

| flor (f) | ดอกไม้ | dòrk máai |
| ramo (m) de flores | ช่อดอกไม้ | chôr dòrk máai |

rosa (f)	ดอกกุหลาบ	dòrk gù làap
tulipa (f)	ดอกทิวลิป	dòrk thiw-líp
cravo (m)	ดอกคาร์เนชั่น	dòrk khaa-nay-chân
gladíolo (m)	ดอกแกลดิโอลัส	dòrk gaen-dì-oh-lát

centáurea (f)	ดอกคอร์นฟลาวเวอร์	dòrk khon-flaao-wer
campânula (f)	ดอกระฆัง	dòrk rá-khang
dente-de-leão (m)	ดอกแดนดิไลออน	dòrk daen-dì-lai-on
camomila (f)	ดอกคาโมมายล์	dòrk khaa-moh maai

aloé (m)	ว่านหางจระเข้	wâan-hǎang-jor-rá-khây
cato (m)	ตะบองเพชร	dtà-bong-phét
fícus (m)	ตนเลียบ	dtôn lîap

lírio (m)	ดอกลิลี่	dòrk lí-lêe
gerânio (m)	ดอกเจอราเนียม	dòrk jer-raa-niam
jacinto (m)	ดอกไฮอะซินท์	dòrk hai-a-sin

mimosa (f)	ดอกไมยราบ	dòrk mai râap
narciso (m)	ดอกนาร์ซิสซัส	dòrk naa-sít-sát
capuchinha (f)	ดอกแนสเตอร์ชัม	dòrk nâet-dtêr-cham

orquídea (f)	ดอกกล้วยไม้	dòrk glúay máai
peónia (f)	ดอกโบตั๋น	dòrk boh-dtǎn
violeta (f)	ดอกไวโอเล็ต	dòrk wai-oh-lét

amor-perfeito (m)	ดอกแพนซี	dòrk phaen-see
não-me-esqueças (m)	ดอกฟอร์เก็ตมีน็อต	dòrk for-gèt-mee-nót
margarida (f)	ดอกเดซี	dòrk day see

papoula (f)	ดอกป๊อปปี้	dòrk bpóp-bpêe
cânhamo (m)	กัญชา	gan chaa
hortelã (f)	สะระแหน่	sà-rá-nàe

| lírio-do-vale (m) | ดอกลิลลี่แห่งหุบเขา | dòrk lí-lá-lêe hàeng hùp khǎo |
| campânula-branca (f) | ดอกหยาดหิมะ | dòrk yàat hì-má |

urtiga (f)	ตำแย	dtam-yae
azeda (f)	ซอร์เรล	sor-rayn
nenúfar (m)	บัว	bua
feto (m), samambaia (f)	เฟิร์น	fern
líquen (m)	ไลเคน	lai-khayn
estufa (f)	เรือนกระจก	reuan grà-jòk
relvado (m)	สนามหญ้า	sà-nǎam yâa

canteiro (m) de flores	สนามดอกไม้	sà-nǎam-dòrk-máai
planta (f)	พืช	phêut
erva (f)	หญ้า	yâa
folha (f) de erva	ใบหญ้า	bai yâa
folha (f)	ใบไม้	bai máai
pétala (f)	กลีบดอก	glèep dòrk
talo (m)	ลำต้น	lam dtôn
tubérculo (m)	หัวใต้ดิน	hǔa dtâi din
broto, rebento (m)	ต้นอ่อน	dtôn òrn
espinho (m)	หนาม	nǎam
florescer (vi)	บาน	baan
murchar (vi)	เหี่ยว	hìeow
cheiro (m)	กลิ่น	glìn
cortar (flores)	ตัด	dtàt
colher (uma flor)	เด็ด	dèt

98. Cereais, grãos

grão (m)	เมล็ด	má-lét
cereais (plantas)	ธัญพืช	than-yá-phêut
espiga (f)	รวงขาว	ruang khâao
trigo (m)	ข้าวสาลี	khâao sǎa-lee
centeio (m)	ข้าวไรย์	khâao rai
aveia (f)	ข้าวโอต	khâao óht
milho-miúdo (m)	ข้าวฟ่าง	khâao fâang
cevada (f)	ข้าวบาร์เลย์	khâao baa-lây
milho (m)	ข้าวโพด	khâao-phôht
arroz (m)	ข้าว	khâao
trigo-sarraceno (m)	บัควีท	bàk-wêet
ervilha (f)	ถั่วลันเตา	thùa-lan-dtao
feijão (m)	ถั่วรูปไต	thùa rôop dtai
soja (f)	ถั่วเหลือง	thùa lěuang
lentilha (f)	ถั่วเลนทิล	thùa layn thin
fava (f)	ถั่ว	thùa

PAÍSES DO MUNDO

99. Países. Parte 1

Afeganistão (m)	ประเทศอัฟกานิสถาน	bprà-thâyt àf-gaa-nít-thăan
África do Sul (f)	ประเทศแอฟริกาใต้	bprà-thâyt àef-rí-gaa dtâi
Albânia (f)	ประเทศแอลเบเนีย	bprà-thâyt aen-bay-nia
Alemanha (f)	ประเทศเยอรมนี	bprà-thâyt yer-rá-ma-nee
Arábia (f) Saudita	ประเทศซาอุดิอาระเบีย	bprà-thâyt saa-u-dì aa-ra--bia
Argentina (f)	ประเทศอาร์เจนตินา	bprà-thâyt aa-jayn-dtì-naa
Arménia (f)	ประเทศอาร์เมเนีย	bprà-thâyt aa-may-nia
Austrália (f)	ประเทศออสเตรเลีย	bprà-thâyt òt-dtray-lia
Áustria (f)	ประเทศออสเตรีย	bprà-thâyt òt-dtria
Azerbaijão (m)	ประเทศอาเซอร์ไบจาน	bprà-thâyt aa-sêr-bai-jaan
Bahamas (f pl)	ประเทศบาฮามาส	bprà-thâyt baa-haa-mâat
Bangladesh (m)	ประเทศบังคลาเทศ	bprà-thâyt bang-khlaa-thâyt
Bélgica (f)	ประเทศเบลเยียม	bprà-thâyt bayn-yiam
Bielorrússia (f)	ประเทศเบลารุส	bprà-thâyt blao-rút
Bolívia (f)	ประเทศโบลิเวีย	bprà-thâyt boh-lí-wia
Bósnia e Herzegovina (f)	ประเทศบอสเนียและเฮอรเซโกวีนา	bprà-thâyt bòt-nia láe her-say-goh-wí-naa
Brasil (m)	ประเทศบราซิล	bprà-thâyt braa-sin
Bulgária (f)	ประเทศบัลแกเรีย	bprà-thâyt ban-gae-ria
Camboja (f)	ประเทศกัมพูชา	bprà-thâyt gam-phoo-chaa
Canadá (m)	ประเทศแคนาดา	bprà-thâyt khae-naa-daa
Cazaquistão (m)	ประเทศคาซัคสถาน	bprà-thâyt khaa-sák-sà-thăan
Chile (m)	ประเทศชิลี	bprà-thâyt chí-lee
China (f)	ประเทศจีน	bprà-thâyt jeen
Chipre (m)	ประเทศไซปรัส	bprà-thâyt sai-bpràt
Colômbia (f)	ประเทศโคลัมเบีย	bprà-thâyt khoh-lam-bia
Coreia do Norte (f)	เกาหลีเหนือ	gao-lĕe nĕua
Coreia do Sul (f)	เกาหลีใต้	gao-lĕe dtâi
Croácia (f)	ประเทศโครเอเชีย	bprà-thâyt khroh-ay-chia
Cuba (f)	ประเทศคิวบา	bprà-thâyt khiw-baa
Dinamarca (f)	ประเทศเดนมารก	bprà-thâyt dayn-màak
Egito (m)	ประเทศอียิปต์	bprà-thâyt bprà-thâyt ee-yíp
Emirados Árabes Unidos	สหรัฐอาหรับเอมิเรตส์	sà-hà-rát aa-ràp ay-mí-râyt
Equador (m)	ประเทศเอกวาดอร	bprà-thâyt ay-gwaa-dor
Escócia (f)	ประเทศสก็อตแลนด์	bprà-thâyt sà-gòt-laen
Eslováquia (f)	ประเทศสโลวาเกีย	bprà-thâyt sà-loh-waa-gia
Eslovénia (f)	ประเทศสโลวีเนีย	bprà-thâyt sà-loh-wee-nia
Espanha (f)	ประเทศสเปน	bprà-thâyt sà-bpayn
Estados Unidos da América	สหรัฐอเมริกา	sà-hà-rát a-may-rí-gaa
Estónia (f)	ประเทศเอสโตเนีย	bprà-thâyt àyt-dtoh-nia

| Finlândia (f) | ประเทศฟินแลนด์ | bprà-thâyt fin-laen |
| França (f) | ประเทศฝรั่งเศส | bprà-thâyt fà-ràng-sàyt |

100. Países. Parte 2

Gana (f)	ประเทศกานา	bprà-thâyt gaa-naa
Geórgia (f)	ประเทศจอร์เจีย	bprà-thâyt jor-jia
Grã-Bretanha (f)	บริเตนใหญ่	brì-dtayn yài
Grécia (f)	ประเทศกรีซ	bprà-thâyt grèet
Haiti (m)	ประเทศเฮติ	bprà-thâyt hay-dtì
Hungria (f)	ประเทศฮังการี	bprà-thâyt hang-gaa-ree
Índia (f)	ประเทศอินเดีย	bprà-thâyt in-dia
Indonésia (f)	ประเทศอินโดนีเซีย	bprà-thâyt in-doh-nee-sia
Inglaterra (f)	ประเทศอังกฤษ	bprà-thâyt ang-grìt
Irão (m)	ประเทศอิหราน	bprà-thâyt i-ràan
Iraque (m)	ประเทศอิรัก	bprà-thâyt i-rák
Irlanda (f)	ประเทศไอร์แลนด์	bprà-thâyt ai-laen
Islândia (f)	ประเทศไอซ์แลนด์	bprà-thâyt ai-laen
Israel (m)	ประเทศอิสราเอล	bprà-thâyt ìt-sà-răa-ayn
Itália (f)	ประเทศอิตาลี	bprà-thâyt i-dtaa-lee
Jamaica (f)	ประเทศจาเมกา	bprà-thâyt jaa-may-gaa
Japão (m)	ประเทศญี่ปุ่น	bprà-thâyt yêe-bpùn
Jordânia (f)	ประเทศจอร์แดน	bprà-thâyt jor-daen
Kuwait (m)	ประเทศคูเวต	bprà-thâyt khoo-wâyt
Laos (m)	ประเทศลาว	bprà-thâyt laao
Letónia (f)	ประเทศลัตเวีย	bprà-thâyt lát-wia
Líbano (m)	ประเทศเลบานอน	bprà-thâyt lay-baa-non
Líbia (f)	ประเทศลิเบีย	bprà-thâyt lí-bia
Liechtenstein (m)	ประเทศลิกเตนสไตน์	bprà-thâyt lík-tay-ná-sà-dtai
Lituânia (f)	ประเทศลิทัวเนีย	bprà-thâyt lí-thua-nia
Luxemburgo (m)	ประเทศลักเซมเบิร์ก	bprà-thâyt lák-saym-bèrk
Macedónia (f)	ประเทศมาซิโดเนีย	bprà-thâyt maa-sí-doh-nia
Madagáscar (m)	ประเทศมาดากัสการ์	bprà-thâyt maa-daa-gàt-gaa
Malásia (f)	ประเทศมาเลเซีย	bprà-thâyt maa-lay-sia
Malta (f)	ประเทศมอลตา	bprà-thâyt mon-dtaa
Marrocos	ประเทศมอร็อคโค	bprà-thâyt mor-rók-khoh
México (m)	ประเทศเม็กซิโก	bprà-thâyt mék-sí-goh
Myanmar (m), Birmânia (f)	ประเทศเมียนมาร์	bprà-thâyt mian-maa
Moldávia (f)	ประเทศมอลโดวา	bprà-thâyt mon-doh-waa
Mónaco (m)	ประเทศโมนาโก	bprà-thâyt moh-naa-goh
Mongólia (f)	ประเทศมองโกเลีย	bprà-thâyt mong-goh-lia
Montenegro (m)	ประเทศมอนเตเนโกร	bprà-thâyt mon-dtay-nay-groh
Namíbia (f)	ประเทศนามิเบีย	bprà-thâyt naa-mí-bia
Nepal (m)	ประเทศเนปาล	bprà-thâyt nay-bpaan
Noruega (f)	ประเทศนอร์เวย์	bprà-thâyt nor-way
Nova Zelândia (f)	ประเทศนิวซีแลนด์	bprà-thâyt niw-see-laen

101. Países. Parte 3

Países (m pl) Baixos	ประเทศเนเธอร์แลนด์	bprà-thâyt nay-ther-laen
Palestina (f)	ปาเลสไตน์	bpaa-lâyt-dtai
Panamá (m)	ประเทศปานามา	bprà-thâyt bpaa-naa-maa
Paquistão (m)	ประเทศปากีสถาน	bprà-thâyt bpaa-gèet-thǎan
Paraguai (m)	ประเทศปารากวัย	bprà-thâyt bpaa-raa-gwai
Peru (m)	ประเทศเปรู	bprà-thâyt bpay-roo
Polinésia Francesa (f)	เฟรนชโปลินีเซีย	frayn-bpoh-lí-nee-sia
Polónia (f)	ประเทศโปแลนด์	bprà-thâyt bpoh-laen
Portugal (m)	ประเทศโปรตุเกส	bprà-thâyt bproh-dtù-gàyt
Quénia (f)	ประเทศเคนยา	bprà-thâyt khayn-yâa
Quirguistão (m)	ประเทศ คีรกีซสถาน	bprà-thâyt khee-gèet--à-thǎan
República (f) Checa	ประเทศเช็กเกีย	bprà-thâyt chék-gia
República (f) Dominicana	สาธารณรัฐ โดมินิกัน	sǎa-thaa-rá-ná rát doh-mí-ní-gan
Roménia (f)	ประเทศโรมาเนีย	bprà-thâyt roh-maa-nia
Rússia (f)	ประเทศรัสเซีย	bprà-thâyt rát-sia
Senegal (m)	ประเทศเซเนกัล	bprà-thâyt say-nay-gan
Sérvia (f)	ประเทศเซอร์เบีย	bprà-thâyt sêr-bia
Síria (f)	ประเทศซีเรีย	bprà-thâyt see-ria
Suécia (f)	ประเทศสวีเดน	bprà-thâyt sà-wěe-dayn
Suíça (f)	ประเทศสวิตเซอร์แลนด์	bprà-thâyt sà-wìt-sêr-laen
Suriname (m)	ประเทศซูรินาม	bprà-thâyt soo-rí-naam
Tailândia (f)	ประเทศไทย	bprà-tâyt thai
Taiwan (m)	ไต้หวัน	dtâi-wǎn
Tajiquistão (m)	ประเทศทาจิกิสถาน	bprà-thâyt thaa-jì-gìt-thǎan
Tanzânia (f)	ประเทศแทนซาเนีย	bprà-thâyt thaen-saa-nia
Tasmânia (f)	ประเทศแทสเมเนีย	bprà-thâyt thâet-may-nia
Tunísia (f)	ประเทศตูนิเซีย	bprà-thâyt dtoo-ní-sia
Turquemenistão (m)	ประเทศ เติร์กเมนิสถาน	bprà-thâyt dtêrk-may-nít-thǎan
Turquia (f)	ประเทศตุรกี	bprà-thâyt dtù-rá-gee
Ucrânia (f)	ประเทศยูเครน	bprà-thâyt yoo-khrayn
Uruguai (m)	ประเทศอุรุกวัย	bprà-thâyt u-rúk-wai
Uzbequistão (f)	ประเทศอุซเบกิสถาน	bprà-thâyt ùt-bay-gìt-thǎan
Vaticano (m)	นครรัฐวาติกัน	ná-khon rát waa-dtì-gan
Venezuela (f)	ประเทศเวเนซุเอลา	bprà-thâyt way-nay-sú-ay-laa
Vietname (m)	ประเทศเวียดนาม	bprà-thâyt wîat-naam
Zanzibar (m)	ประเทศแซนซิบาร์	bprà-thâyt saen-sí-baa

www.ingramcontent.com/pod-product-compliance
Lightning Source LLC
Chambersburg PA
CBHW070830050426
42452CB00011B/2232